BLICK

Mittelstufe Deutsch
für Jugendliche und junge Erwachsene

Arbeitsbuch

BAND 3

von Anni Fischer-Mitziviris
unter Mitarbeit von Andreas Küke

Max Hueber Verlag

5. 4. 3.   Die letzten Ziffern
2009 08 07 06 05 │ bezeichnen Zahl und Jahr des Druckes.
Alle Drucke dieser Auflage können, da unverändert,
nebeneinander benutzt werden.
2. Auflage 2001
© 1998 Max Hueber Verlag, 85737 Ismaning, Deutschland
Verlagsredaktion: Maria Koettgen, München; Dörte Weers, Weßling
Layout und Herstellung: Eckhard Popp, Markt Schwaben
Umschlaggestaltung und Zeichnungen: ofczarek!
Satz: abc.Mediaservice GmbH, Buchloe
Druck und Bindung: Ludwig Auer GmbH, Donauwörth
Printed in Germany
ISBN 3–19–011596–6

Inhalt

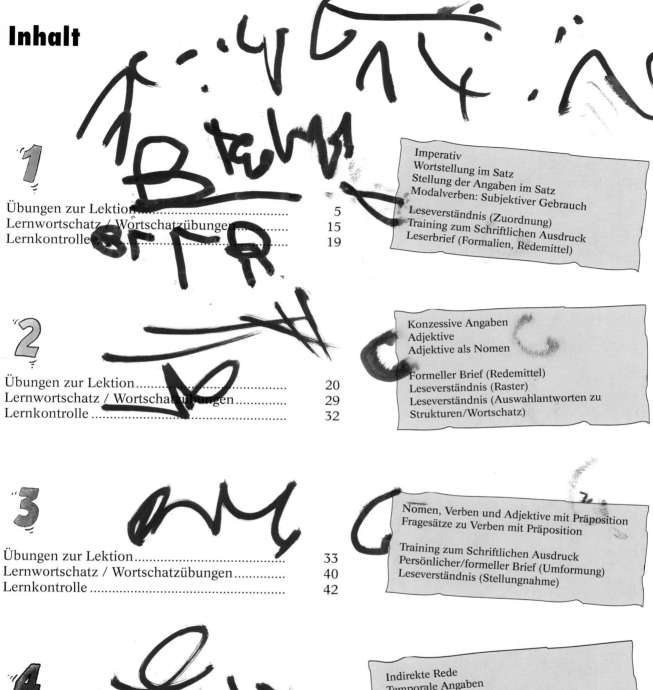

1

Imperativ
Wortstellung im Satz
Stellung der Angaben im Satz
Modalverben: Subjektiver Gebrauch

Leseverständnis (Zuordnung)
Training zum Schriftlichen Ausdruck
Leserbrief (Formalien, Redemittel)

2

Konzessive Angaben
Adjektive
Adjektive als Nomen

Formeller Brief (Redemittel)
Leseverständnis (Raster)
Leseverständnis (Auswahlantworten zu
Strukturen/Wortschatz)

3

Nomen, Verben und Adjektive mit Präposition
Fragesätze zu Verben mit Präposition

Training zum Schriftlichen Ausdruck
Persönlicher/formeller Brief (Umformung)
Leseverständnis (Stellungnahme)

4

Indirekte Rede
Temporale Angaben
Präpositionen
Präteritum
Komposita

Training zum Schriftlichen Ausdruck
Referat/Statistik (Formalien/Redemittel)
Leseverständnis (Textzusammenfassung)

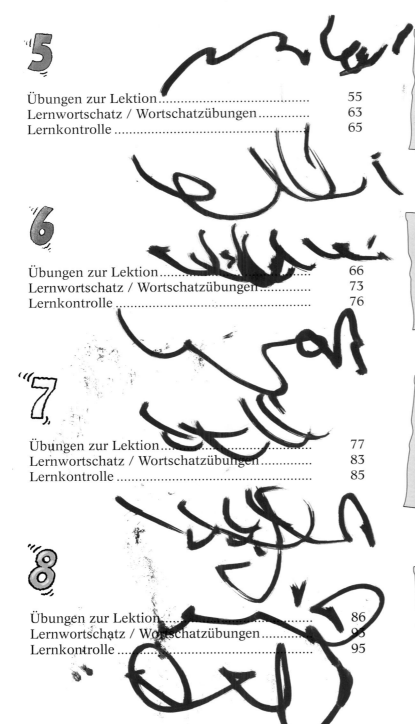

5

Infinitiv mit *zu*
dass-Sätze
Infinitiv ohne *zu*
um ... zu, ohne ... zu, statt ... zu
Bestimmter und unbestimmter Artikel

Persönlicher/formeller Brief (Umformung)
Leseverständnis (Zuordnung)

6

Graduierende Adverbien
Graduierung durch *ganz*
Verben mit Dativ und Akkusativ
Funktions-Verb-Gefüge

Leserbrief
Leseverständnis (Stellungnahme)

7

Flexion der Adjektive
Modalverben: Subjektiver Gebrauch
Präpositionen und Pronominaladverbien

Persönlicher Brief
Leseverständnis (Textzusammenfassung)
Leseverständnis (Auswahlantworten zu
Strukturen und Wortschatz)

8

Passiv
Passiv mit Modalverb
Subjektlose Passivsätze

Referat
Leseverständnis (Raster)

1 Ratschläge geben

Ihr Freund/Ihre Freundin geht heute Abend zum ersten Rendezvous mit seiner neuen Freundin/ihrem neuen Freund.
Welche Ratschläge würden Sie ihm/ihr geben? Die Ausdrücke im Kasten helfen Ihnen dabei.

Beispiel: *Zieh (doch) deine neuen schwarzen Jeans an!*

> ... anziehen
> sich die Haare schneiden lassen/sich eine neue Frisur machen
> sich ... schminken
> das Mundspray nicht vergessen
> ... kaufen
> den kleinen Bruder/die kleine Schwester mitnehmen
> sich nicht verspäten
> lieb zu ihm/ihr sein
> ihm/ihr etwas Nettes über sein/ihr Aussehen sagen
> mit ihm/ihr in die Disko gehen
> ihn/sie zum Essen bei ... einladen
> keine anderen Mädchen/Jungen anschauen
> ...

2 Entscheiden Sie, welche Anrede jeweils passend ist, und formulieren Sie eine Aufforderung. Benutzen Sie dazu den Imperativ.

	du	ihr	Sie
1. Ihre Freundin hat erst ein Stück Kuchen gegessen (nehmen). *Nimm doch noch ein Stück Kuchen, Claudia!*	☒		☐
2. Im Bus bieten Sie einem alten Herrn Ihren Sitzplatz an (sich setzen).	☐	☐	☐
3. Sie wollen mal den Walkman Ihrer Freundin haben (ausleihen).	☐	☐	☐
4. Ihr Onkel soll Sie nicht immer ärgern (aufhören).	☐	☐	☐
5. Ihre Mitschüler sollen um acht Uhr bei Ihnen vorbeikommen (abholen).	☐	☐	☐
6. Ihr Brieffreund und seine Schwester sollen in den Sommerferien zu Ihnen kommen (besuchen).	☐	☐	☐
7. Die Eltern Ihrer Freundin sollen ihrer Tochter erlauben in die Disko zu gehen (lassen).	☐	☐	☐
8. Sie möchten mit Ihrem deutschen Freund, der in den USA studieren wird, in Kontakt bleiben (schreiben).	☐	☐	☐
9. Als Klassensprecher(in) haben Sie im Namen Ihrer Klasse einen Protestbrief an den Direktor verfasst und legen ihn nun Ihren Mitschülern/Mitschülerinnen zur Unterschrift vor (unterschreiben).	☐	☐	☐
10. Ihr Lehrer hat bei der Notengebung einen Fehler gemacht (korrigieren).	☐	☐	☐
11. Einige Verwandte von Ihnen haben eine gefährliche Klettertour in den Alpen vor (aufpassen).	☐	☐	☐

3 Kontaktanzeigen

a) Stellen Sie sich vor, Sie suchen für fünf Frauen, die jeweils einen Mann kennen lernen wollen, eine geeignete Anzeige.

Es handelt sich um folgende Frauen:
1. eine 33-jährige Managerin, die in ihrer Freizeit in einer Jazz-Band mitspielt.
2. eine Enddreißigerin, die sich nach ihrer Scheidung für sich und ihren Sohn eine neue Familie wünscht.
3. eine Frau Mitte dreißig, die einen anpassungsfähigen Partner für den Sommerurlaub finden möchte.
4. eine Philosophiestudentin, die nach dem Sinn des Lebens sucht.
5. eine Frau, die sich für den Umweltschutz engagiert und von ihrem Partner eine ähnliche Einstellung erwartet.

Assoziieren Sie zu jeder der fünf Frauen etwa vier bis fünf Begriffe, die sie in ihrer jetzigen Situation charakterisieren,
zum Beispiel: 1. Betrieb – viel beschäftigt – musikbegeistert – ...

b) Lesen Sie dann die Anzeigen und suchen Sie nach ähnlichen Begriffen. So finden Sie am besten Männer, die zu den Frauen passen.
Vorsicht! Es gibt nicht für jede der Frauen einen passenden Mann.

A
Bindungsscheu – suche Freundin und keine feste Bindung. Bin 31, mit begrenzter Zeit und suche jüngere oder ältere weltoffene Dame, die wie ich gerne in Sternerestaurants, Theater, Oper oder Biergarten geht und mich mit ihren sportlichen Aktivitäten ansteckt. Zuschriften bitte nur mit Bild unter G84 ZV 901435

B
Im schönen Seen-Gebiet im Chiemgau kann man wunderbar wandern, spazieren gehen, sich entspannen. Hier wohne ich, 40/176, wieder allein, häuslich, humorvoll und wünsche mir eine liebe, herzliche, gemütliche Partnerin zum Aufbau einer dauerhaften Beziehung. Zu zweit ist doch alles viel schöner und leichter! Wenn du den Weg gemeinsam mit mir gehen möchtest, schreib mir! G85 ZV 188756

C
Wo ist sie, die Traumfrau bis Anfang dreißig, die ledig und ohne Kinder ist? Sie sollte außerdem gesund, fleißig und ehrlich sein und von Herzen lachen können. Ich bin 35, groß und schlank und – wie viele meinen – gut aussehend. In unserem Familien-Unternehmen bin ich engagiert tätig und treibe zum Ausgleich Sport (Tennis, Ski) und gehe in Konzerte (Klassik, Jazz). Für die schönen Dinge des Lebens habe ich eine Schwäche. Zuschriften unter G82 ZV 229066

D
Sascha, 31/182, junger Akademiker, toll aussehend, blond mit blauen Augen, peppig, schlank, sportlich. Ein liebenswerter, intelligenter und erfolgreicher Mann, dem Zärtlichkeit und Gefühle über alles gehen. Sein größter Wunsch ist eine Beziehung, in der Romantik und Vertrauen nicht fehlen. Du brauchst nichts zu haben außer einem ehrlichen Charakter und einem fröhlichen Wesen. Trau dich und komm in meine Arme! Für mich zählt deine Herzensbildung, nicht deine Schulbildung. G87 ZV 275530

E
Allein erziehender Vater mit einsamem Herzen, 40/180/85, und 8-jähriger, (meist) lieber Tochter, möchte sich in liebevolle, ehrliche und treue Partnerin mit Familiensinn verlieben. Du solltest bis 40 Jahre alt, nicht größer als 1,75 und mittelschlank sein. Kind kein Hindernis. Nur ernst gemeinte Zuschriften, wenn möglich mit Bild, unter G87 ZV 253009

F
Du magst Bücher, möchtest über Gott und die Welt reden und suchst außerdem einen einfühlsamen Partner? Dann sollten wir herausfinden, welche Gemeinsamkeiten wir noch haben. In jedem Fall freue ich mich darauf, dich kennen zu lernen. Schreib an den Verlag unter G87 ZV 222453

G
Steinbock, Anfang 40, gut aussehend, mit Niveau, 188 groß, sucht nette SIE, gerne aus Osteuropa, um mit ihr romantische Stunden zu erleben. Bei gegenseitigem Gefallen auch Dauerbeziehung möglich. Diskretion garantiert. Bitte nur Bildzuschriften unter G84 ZV 664955

H
Ruhiger, toleranter Mann, 37/ 183, schlank, Nichtraucher, gebildet, sehr naturverbunden, sucht ebensolche Partnerin, mit der zusammen er seine Träume von einer besseren Welt verwirklichen kann. Alter ist nicht entscheidend, Sympathie und gemeinsame Interessen sind ausschlaggebend. Wenn DU auch so denkst, schreib mir unter G88 ZV 795855. Jede ernst gemeinte Zuschrift wird beantwortet.

4 **Lesen Sie noch einmal den Text „Was ist Liebe?" im Lehrbuch Seite 13/14 und ergänzen Sie sinngemäß. Achten Sie auf die Wortstellung.**

1. (a) Wenn man nach einer Definition von „Liebe" fragt, …
2. (a) Obwohl alle den Begriff kennen, …
3. (b) Der Psychologe Erich Witte …
4. (b) Mit Hilfe von Verliebtheit und Liebe …
5. (c) Beim Aufziehen der jungen Tiere …
6. (d) Wegen des aufrechten Gangs …
7. (e) Männer bevorzugen …
8. (f) Der „Love as a story"-Theorie zufolge …
9. (g) Nach Erich Witte …
10. (g) Wenn die romantische Phase der Liebe vergangen ist, …

5 **Fehler, Fehler, Fehler …**

In den folgenden Sätzen sind Wortstellungsfehler.
Finden Sie die Fehler und schreiben Sie die richtigen Sätze darunter.

1. Wenn man jemanden kennen lernen will, es gibt verschiedene Tricks dafür.

2. Ab und zu kann man ein nettes Kompliment jemandem machen.

3. Aber keinesfalls man darf den anderen kränken.

4. Wenn man sich für den anderen interessiert, dann man sollte ihm es auch zeigen.

5. Lachen allen beiden gute Laune macht und entspannt die Situation.

6. Man kann zusammen in die Disko abends gehen.

7. Wir könnten Tennis zusammen in den Ferien spielen.

8. Man sollte übrigens nicht glauben, dass man etwas Sensationelles in der Unterhaltung dem anderen bieten muss.

9. Eigentlich hat alles ganz gut angefangen, aber geht es jetzt nicht mehr weiter.

10. Trotzdem es hat sich gelohnt – auch wenn es war nur ein Flirt und nicht die große Liebe.

6 Ergänzen Sie die Pronomen.

1. Ich suche mir meine Freunde selbst aus. In diesem Punkt lasse _____ _____ von niemandem etwas vorschreiben.

2. Ich würde deinen neuen Freund gern kennen lernen. Vielleicht kannst _____ _____ _____ bei Gelegenheit mal vorstellen.

3. Die Eltern meiner Freundin lassen sie immer in die Disko gehen. Meine Eltern erlauben _____ _____ nie.

4. Meine CDs? Du kannst _____ _____ ruhig ausleihen, _____ kann _____ _____ in den nächsten Tagen sowieso nicht anhören.

5. Mein kleiner Bruder stellt mir immer eine Menge Fragen. Manchmal kann _____ _____ gar nicht alle beantworten.

6. Was, du weißt nicht, wie ein Computer funktioniert? Dann werde _____ _____ _____ gleich erklären.

7. Ihr trinkt Kaffee mit Zucker? Dann hole _____ _____ _____ sofort.

8. Möchtet ihr gern den großen Eisbecher nehmen? Dann bestellt _____ _____ doch!

9. Wenn Sie ein gutes Spezialitäten-Restaurant suchen, gehen Sie doch in die „Engel-Stuben". Ich kann _____ _____ wirklich empfehlen.

> Die Angaben stehen gewöhnlich in folgender Reihenfolge:
> *temporal – kausal – modal – lokal.*
> Diese Regel wird jedoch nicht sehr streng gehandhabt.

7 Wortstellung mit Angaben

Bringen Sie die Angaben in eine richtige Reihenfolge.

1. Dieses Spiel hast du _____ gespielt (früher – mit Begeisterung).

2. Meine Schwester hat _____ _____ mit meinen Eltern gestritten (den ganzen Abend – neulich – wegen einer Kleinigkeit).

3. Ich mache ihr aber _____ keine Vorwürfe (deswegen – jetzt).

4. Er hat sich _____

das Bein gebrochen (beim Skateboard-Fahren – letzte Woche).

5. Ich habe dir _____ das falsche Buch zurückgegeben

(aus Versehen – gestern).

6. Wir haben ihn uns _____

vorgestellt (aufgrund deiner Beschreibung – ganz anders).

7. Der Vater gab seinem Sohn _____

_____ 50 Euro (hocherfreut – nach der Zeugnisverteilung – aus Freude über

die guten Noten).

8. Ich möchte _____

Urlaub machen (allein – dieses Jahr – in den Bergen).

8 **Training zum Schriftlichen Ausdruck: Vom Satz zum Text**

a) Verbinden Sie die folgenden Einzelsätze zu einem Test.
Dabei können Sie verschiedene Konjunktionen wie *denn, weil, aber, dagegen, obwohl* oder Pronomen (Personal-, Possessiv-, Relativpronomen) benutzen. Sie können auch die Wortstellung im Satz
verändern und einen anderen Ausdruck vor das Verb stellen oder auch Wörter ergänzen.

– Frauen bevorzugen auch heute noch Männer mit einem bestimmten Äußeren.

– Die Männer haben sich im Leben schon bewährt.

– Der Idealmann der Frauen sieht vermutlich wie in der Urzeit aus: muskulös, mit breiten Schultern und
  schmalen Hüften.

– Männer schätzen am meisten junge und schöne Frauen.

– Die Figur der Frauen lässt auf Gesundheit und Jugend schließen.

– Liebe auf den ersten Blick kommt häufiger bei Männern als bei Frauen vor.

– Es überrascht nicht.

– Männer können auf eine Party gehen und sich dort in eine Frau verlieben.

– Sie haben kein Wort mit ihr gesprochen.

– Frauen passiert das fast nie.

b) Vergleichen Sie Ihren Text mit dem Textabschnitt 3 e auf Seite 13 im Lehrbuch.
Welche Verbindungselemente werden dort benutzt, welche haben Sie gewählt?

9   Kontaktanzeigen ... / Leserbrief

In dem deutschen Jugendmagazin FÜR DICH, das Sie gewöhnlich lesen, stehen in letzter Zeit immer mehr Kontaktanzeigen. Reagieren Sie darauf und schreiben Sie einen Leserbrief an das Magazin, in dem Sie auf die folgenden Punkte eingehen:

1. Warum Sie schreiben.

   Seit ... lese ich regelmäßig/ab und zu ...
   In der (letzten) Ausgabe (vom ...) ...

2. Was Sie von den Kontaktanzeigen in Jugendmagazinen halten.

   Meiner Meinung nach/Ich bin der Meinung/Ich finde ...

3. Ob es auch in Ihrem Land Kontakt-anzeigen in Jugendzeitschriften gibt.

   Auch in ... / ... dagegen ...

4. Für wen solche Anzeigen interessant sein könnten.

   Ich könnte mir (schon) vorstellen, dass/ ...
   Vielleicht ...

5. Was für Beiträge Sie sich in einem Jugendmagazin wünschen.

   Ich persönlich würde gern ... lesen/ ...
   In einem Magazin für junge Leute sollte es auf jeden Fall ... geben, weil ...

Achten Sie beim Schreiben des Briefs darauf, dass es sich um einen formellen Brief handelt. Schreiben Sie etwa 220–250 Wörter.

(Absender)

             (Ort, Datum)

(Empfänger)

Kontaktanzeigen im Jugendmagazin
FÜR DICH

Sehr geehrte Damen und Herren,

_____

_____

_____

          Mit freundlichen Grüßen
          Peter Papenstil

10   Test: Stimmt's in Ihrer Familie?

Die heile Familie gibt es nicht – und hat es nie gegeben. Aber es gibt Familien, die heil genug sind, dass man harmonisch in ihnen leben kann.

a) Wie stellen Sie sich eine „heile Familie" vor?

b) Machen Sie den folgenden Test.

1 Der Sechzehnjährige hatte Ärger in der Schule und beginnt, zu Hause rumzumeckern.
a) Es gibt Streit, bis die Luft wieder rein ist . . . . .D
b) Alle lassen ihn links liegen und warten, bis der Anfall vorbei ist . . . . .B
c) Gemeinsam versuchen wir, ihn wieder aufzumuntern . .A
d) Er soll sich entweder klar ausdrücken oder sich verkrümeln C

2 Die Kinder wollen unterschiedliche Fernsehprogramme sehen.
a) Die Mutter greift ein und versucht, das Problem gerecht zu lösen . . . . .A
b) Die Mutter lässt es die Streithähne selbst regeln . .C
c) Die Mutter wird ärgerlich und schaltet den Fernseher ganz ab . . . . .D

3 Alle sind gerade furchtbar genervt miteinander, als es an der Wohnungstür klingelt und Freunde zu Besuch kommen.
a) Der Streit ist begraben, und die Gäste werden begrüßt . . A/B
b) Kaum sind die Gäste drin, geht der Streit schon weiter C/D
. . . .

4 Die Mutter möchte für sich sein und will nicht gestört werden.
a) Alle halten sich daran . . . . A/B
b) Alle versuchen das zu respektieren, aber irgendwer stört dann sicher doch C
c) Alle sagen „Ja", aber dann hält sich doch wieder keiner daran . . . . .D

5 Die Eltern haben einen ernsthaften Streit. Das geht so weit, dass sie einander sogar mit Trennung drohen.
a) Die Eltern streiten sich lautstark, und alle in der Familie kriegen mit, was los ist . . . . .D
b) Die Eltern sagen, dass sie Streit haben, aber ziehen sich für die ärgsten Szenen hinter die Schlafzimmertür zurück C
c) Die Kinder erfahren erst einmal nichts darüber, damit sie nicht grundlos beunruhigt werden. . . . . .A/B

6 Der Dreizehnjährige hat etliche Schallplatten auf dem Boden verstreut, und die Mutter weiß, dass das den Vater, der gleich reinkommt, nerven wird.
a) Sie sagt ihm, er solle verdammt noch mal endlich die Platten einräumen . . . . . . .D
b) Sie sagt ihm, er solle die Platten wegräumen, wenn er keinen Krach mit dem Vater wolle . . . . .C/B
c) Sie räumt die Platten weg . .A

7 Die Vierjährige sagt zu einem Verkäufer, der im Grunde sehr freundlich ist, „Doofkopp" und streckt ihm die Zunge raus.
a) Der Vater sagt seinem Kind, dass er nicht wolle, dass es so etwas sage C
b) Der Vater entschuldigt sich bei dem Verkäufer für sein freches Kind . . . . .A
c) Der Vater schimpft ordentlich mit dem Kind . . . . . . .D
d) Der Vater lässt das Kind sich entschuldigen . . . . . .B

8 Der Dreijährige wird auf dem Spielplatz von einem gleichaltrigen Kind geschubst.
a) Die Mutter eilt zu ihrem Kind und tröstet es . . . . . .A
b) Die Mutter lässt es mit diesem Problem alleine fertig werden, hält sich zurück . .B/C
c) Die Mutter steht auf und schimpft mit dem anderen Kind . . . . .D

9 Die Zehnjährige behauptet, die Lehrerin habe ihr zu Unrecht eine Strafarbeit aufgegeben.
a) Die Eltern sind der Ansicht, die Lehrerin wisse schon, was sie tut . . . . .A/B
b) Die Eltern rufen sofort bei der Lehrerin an und beschweren sich . . . . .D
c) Die Eltern reden mit dem Kind noch mal darüber . . .C

10 Der Nachbar beschwert sich darüber, dass die Kinder zu laut und zu frech sind.
a) Die Kinder werden ermahnt, sich ruhiger zu verhalten . .A
b) Der Nachbar wird beruhigt . . . . .B
c) Der Nachbar soll es den Kindern selber sagen C
d) Es gibt einen Streit mit dem Nachbarn . . . . .D

11 Der Sechsjährige langweilt sich und bewirft den Zeitung lesenden Vater mit einem Kissen.
a) Er wird ermahnt, das zu lassen . . . . .A/B
b) Er wird für seine Unverschämtheit getadelt . . . .D
c) Es entsteht eine Kissenschlacht C

c) **Auswertung**
   Zählen Sie nach, welchen Buchstaben Sie am häufigsten angekreuzt haben. Das ist Ihr Antwort-buchstabe.
   Ergänzen Sie die Wörter aus dem Kasten. Trifft die Beschreibung auf Ihre Idealfamilie zu?

A „Alles, nur keine Risse in der Harmonie!", lautet das unbewusste _____.
Und deshalb gibt es nichts Wichtigeres als Eintracht und nichts Scheußlicheres als _____.
Da es aber ohne Schatten kein Licht gibt, wird auf die Dauer auch die netteste Atmosphäre
_____, weil der Saft und die Energie, die Auseinandersetzungen bringen,
fehlen. Es fällt schwer, in Ihrer Familie _____ zu werden. Jeder gibt schnell
seine eigene Position auf, um nicht gegen die Familienregeln zu verstoßen. Innerhalb der Familie wird
möglicherweise viel _____ unternommen. Nach außen hin besteht aber die
Gefahr, sich zu _____ und nur wenige Freunde zu finden.
Ein ordentlicher Schuss Lebendigkeit täte der Familie gut. Mehr Mut zu den eigenen
_____, zu Krach und Versöhnung. Aggressionen verbinden. Ohne den Mut
zum Streit bringt selbst die schönste _____ auf die Dauer nichts.

B Bei Ihnen zu Hause darf man zwar anderer _____ sein, aber bitte mit
Bedacht und in aller Form. Vernunft ist oberstes Gebot. Verständnis wird meistens gerade dann gefordert,
wenn man sich nicht danach fühlt. Konflikte werden nicht vermieden, aber es liegt immer die Forderung
auf dem Tisch, dabei _____ zu bewahren.
Die Familie ist ein prima Schutzraum, in dem man zumindest _____
behandelt wird und vor plötzlichen Angriffen und harter Kritik relativ _____
ist. Andererseits ist es aber schwer, einander gefühlsmäßig zu berühren. Und so ist jeder auch öfter
ziemlich _____. Dann erweist sich der vernünftige und vorsichtige Umgang
miteinander als Angst vor Trennungen, also davor, zu erleben, dass die Verbindung der Familienmitglieder
zueinander gar nicht so _____ ist, wie man sich das wünscht.
Schön, wenn es möglich wäre, öfter mal aus sich herauszugehen, auch auf das Risiko hin, den anderen zu
_____.

| allein ■ fair ■ Familienmotto ■ Gefühlen ■ gemeinsam ■ Harmonie ■ isolieren ■ langweilig |
| ■ Meinung ■ Ruhe ■ selbständig ■ sicher ■ stabil ■ Streit ■ verletzen |

C Die Eltern streiten sich mit den Kindern, ja in manchen Fällen vor den Kindern. Es geht laut zu, jeder geht seiner Wege, es herrscht scheinbares Chaos – und _____ kommt die Familie einer heilen Familie schon ziemlich nahe. Weder das Chaos noch die Harmonie _____, sie wechseln sich je nach Bedarf ab. Denn eine heile Familie ist am ehesten eine, in der es möglich ist, all die _____, die das Leben notwendigerweise mit sich bringt, anzusprechen und eventuell zu lösen.

Es gibt keine heile Familie und hat nie eine gegeben. Es gibt Familien, die heil genug sind. Sie erlauben sowohl _____ als auch _____ zueinander, bieten Raum für Verbundenheit und Wut. Sie sind offen. Offen für andere Personen und offen für die _____ und Wünsche ihrer Mitglieder.

D Streiten verbindet. Deshalb besteht in Ihrer Familie die Tendenz zum _____. Viele Anlässe bieten Gelegenheit, seinen Gefühlen Luft zu machen. Der _____ miteinander ist rau und je nachdem mehr oder weniger herzlich. Das Problem der Familie ist, dass sich die Mitglieder gegenseitig nicht wirklich _____. Niemand wird in seinen Gefühlen letztlich ganz so akzeptiert, wie er ist. So toll es ist, Gefühle _____ auszuleben, so verletzend und irritierend kann es andererseits gerade für Kinder sein, wenn dabei keine Grenzen eingehalten werden. Unbegrenzte _____ erzeugen Ängste. Niemand in der Familie lernt _____ mit seinen Gefühlen umzugehen. Hier wird _____ gestritten, und alle müssten lernen, einander zuzuhören, andere Meinungen _____ zu lassen und Versprechen und Abmachungen einzuhalten.

Bedürfnisse ■ Dauerkrach ■ Distanz ■ frei ■ gelten ■ Konflikte ■ konstruktiv ■ Nähe ■ Offenheit und Direktheit ■ respektieren ■ trotzdem ■ überwiegen ■ Umgang ■ zu schnell

d) **Wie sollte nach dem Test die „ideale" Familie aussehen? Wie sollten sich die einzelnen Familienmitglieder verhalten?**

e) **Halten Sie diese Art von Familie auch für ideal? Diskutieren Sie darüber in der Klasse.**

11 Wie könnte/dürfte/muss das sein?

Beschreiben Sie möglichst viele Einzelheiten des Bildes und stellen Sie Hypothesen auf.

Beispiel: In der Ecke sitzt ein Pärchen. Die beiden müssen sehr verliebt ineinander sein.

12 Was finden Sie an einer Person, zu der Sie enge Beziehungen haben, wichtig, was unwichtig (Aussehen, Eigenschaften, Verhaltensweisen)?
Sammeln Sie passende Begriffe und schreiben Sie einen kurzen Text.

Für mich spielt ... eine große Rolle.
... ist dagegen nicht so wichtig.
Er/Sie sollte auf jeden Fall ... sein.
Er/Sie darf aber nicht ... sein.

Verben

jdn. abweisen,
    wies ab, abgewiesen
achten auf (Akk)
jdn. anbeten
jdn. anmachen
sich äußern zu (Dat)
etw. austauschen
etw. beschleunigen
etw./jdn. bevorzugen
sich bewähren
sich durchsetzen
sich entscheiden für (Akk)
sich ereignen
sich ergeben,
    ergab, ergeben
sich erinnern an (Akk)
etw. erleben
etw. ersetzen durch (Akk)
etw./jdn. fördern
etw. genießen,
    genoss, genossen
hinausgehen über (Akk),
    ging hinaus, hinausgegangen
sich hüten vor (Dat)
jdn. kränken
pubertieren
jdn. quälen
jdn. respektieren
sich trauen
jdn. trösten
überwiegen,
    überwog, überwogen
umkommen,
    kam um, ist umgekommen
sich vererben
jdn. verlassen,
    verließ, verlassen
jdn. verletzen
sich verlieben in (Akk)
etw. vernichten
verschwinden,
    verschwand, ist verschwunden
sich wehren
jdm. zustimmen

Nomen

die Auseinandersetzung, -en
das Bedürfnis, -se
die Begegnung, -en
die Beziehung, -en
die Bindung, -en
die Definition, -en
die Dominanz
die Eigenschaft, -en
der Eindruck, ¨e
der Einfluss, ¨e
die Empfindung, -en
die Entstehung
die Entwicklung, -en
die Figur, -en
der Flirt, -s
der Forscher, -
die Fürsorge
die Geborgenheit
das Gefühl, -e
die Gemeinsamkeit, -en
das Geschrei
der Gesprächsstoff
der Hass auf (Akk)
der Hauptgewinn, -e
das Herzklopfen
die Hüfte, -n
das Individuum, -duen
das Kinn, -e
der Konflikt, -e
der Krach
die Leidenschaft
das Missverständnis, -se
die Nahrungssuche
die Partnerschaft
die Partnerwahl
die Persönlichkeit, -en
das Säugetier, -e
die Scheidung, -en
der Schritt, -e
die Schulter, -n
der Schutz
das Schweigen
die Sippe, -n
das Sternzeichen, -
die Stimmung, -en
die Trennung
die Verliebtheit
das Vertrauen
der Vorfahre, -n
die Überwindung
der Umgang
die Urzeit
die Versöhnung
die Wurzel, -n
der Zustand, ¨e
die Zweierbeziehung, -en

Adjektive

ansteckend
aufrecht
eifersüchtig
gefühlsmäßig
gegenseitig
gemeinsam
großzügig
günstig
konstruktiv
kräftig
längerfristig
locker
muskulös
mutig
nachtragend
nüchtern
originell
schüchtern
stabil
tabu
taktlos
überwiegend
unbewusst
wesentlich
witzig
zudringlich
zufällig

Ausdrücke

angewiesen sein auf (Akk)
aufgrund äußerer Reize
jdn. auf sich aufmerksam machen
tief durchatmen
etw. ehrlich meinen
eine Entscheidung treffen
eine heile Familie
füreinander da sein
sich zu jdm. hingezogen fühlen
jdm. ein Kompliment machen
Liebe auf den ersten Blick
unter „Liebe" etw. Bestimmtes
    verstehen
mir geht die Puste aus
sich scheiden lassen
die Schulausbildung abschließen
eine Strecke zurücklegen
gegen Regeln verstoßen
eine Wahl treffen
zum Zeitpunkt (der ersten Liebe)
Kinder großziehen
(gut/besser/nicht) zurechtkommen
    mit (Dat)
zu diesem Zweck

13 Ergänzen Sie das passende Verb aus dem Kasten (drei Verben bleiben übrig).

1. sich gegen den Widerstand der anderen _____ durchsetzen _____

2. einen bestimmten Männer- oder Frauentyp _____

3. das gute Essen _____

4. jemanden durch taktloses Verhalten _____

5. Erfahrungen, Erinnerungen _____

6. sich zu einem Thema _____

7. das weinende Kind _____

8. sich in schwierigen Situationen _____

9. sich in den hübschen Mitschüler _____

10. über das gewünschte Maß _____

11. sich gern an die schönen Ferien _____

erinnern		äußern	kränken	genießen	wehren	durchsetzen
trösten	bevorzugen				verlieben	ersetzen
	fördern	austauschen		bewähren	hinausgehen	

14 Wie heißt das Nomen?

1. ein Gefühl der emotionalen Sicherheit: _____

2. starkes negatives Gefühl für eine Person oder Sache: _____

3. unsere Eltern, Großeltern, Urgroßeltern usw.: _____

4. etwas, was bei verschiedenen Personen gleich ist: _____

5. gesamte Gruppe der Blutsverwandten: _____

6. es wird nicht gesprochen: _____

7. Themen, über die man sich mit anderen unterhalten kann: _____

8. man trifft jemanden: _____

9. eine Beziehung, bei der zwei Personen die gleichen Rechte und Pflichten haben:

   _____

15 Wie heißt das Gegenteil?

kurzfristig	≠ _____	absichtlich	≠ _____
feige	≠ _____	frech, unverschämt	≠ _____
verkrampft	≠ _____	versöhnlich	≠ _____
schwach, unterentwickelt	≠ _____	einseitig	≠ _____
zurückhaltend	≠ _____	kleinlich	≠ _____
einzeln, jeder allein	≠ _____	langweilig, einfallslos	≠ _____

16 Wortbildung

a) Ergänzen Sie das fehlende Wort (Verb oder Nomen + Artikel).

Verb	Nomen
schützen	der Schutz
dominieren	_____
hassen	_____
empfinden	_____
definieren	_____
entstehen	_____
vertrauen	_____
schweigen	_____
flirten	_____
_____	die Erinnerung
bedürfen	_____
fühlen	_____
_____	die Pubertät
_____	das Erlebnis
_____	das Ereignis

b) Ordnen Sie die Nomen den verschiedenen Kategorien zu.

Verbstamm + *ung*	Verbstamm ohne Endung	Verbstamm + *nis*	Infinitiv	Verbstamm + *anz/tion/tät*	*Ge* + Verbstamm
die Erinnerung					

c) Ergänzen Sie das fehlende Wort (Adjektiv oder Nomen + Artikel).

der Anfang   _anfänglich_

_____   individuell

die Schüchternheit   _____

der Mut   _____

der Witz   _____

_____   geborgen

die Taktlosigkeit   _____

die Nüchternheit   _____

_____   persönlich

_____   eigen

das Wesen   _____

die Kraft   _____

der Muskel   _____

die Eifersucht   _____

_____   gemeinsam

die Zudringlichkeit   _____

d) Ordnen Sie die Nomen den verschiedenen Kategorien zu.

Adjektiv + -heit	Adjektiv + -(ig/lich)keit	Adjektiv + schaft	Adjektiv ohne -ig/lich	Fremdwörter
Schüchternheit				

17 Begriffe assoziieren

Notieren Sie mindestens zwei bis drei passende Begriffe dazu. Das Beispiel hilft Ihnen dabei.
Liebe: Flirt, Leidenschaft

1. Familie: _____

2. Gefühle: _____

3. Ehe: _____

4. Natur: _____

5. Körper: _____

6. Konflikte: _____

Wie beurteilen Sie Ihren Lernerfolg?

**a) Was können Sie jetzt gut/schon besser als vorher?
Wo haben Sie noch große Probleme? Kreuzen Sie an.**

		gut	schon besser als vorher	Es gibt noch große Probleme.
Texte hören, lesen und verstehen	• in einem Text Hauptaussagen verstehen (global), und Einzelheiten verstehen (selektiv)	☐	☐	☐
	• unbekannte Wörter aus dem Kontext erschließen	☐	☐	☐
	• internationale Wörter zum Verständnis nutzen, Aufzählungen in einem Text verstehen	☐	☐	☐
	• bestimmte Aussagen eines Hörtextes verstehen, indem man die Aufgaben vor dem Hören sehr genau liest	☐	☐	☐
sprechen und schreiben	• über Beziehungen (Paarbeziehung, Familie) sprechen	☐	☐	☐
	• anderen Ratschläge im Hinblick auf ihr Liebesleben erteilen	☐	☐	☐
	• für verschiedene Sprechanlässe die richtigen Redemittel verwenden	☐	☐	☐
	• einen Text richtig aufbauen mit *Einleitung*, *Hauptteil* und *Schluss*	☐	☐	☐
	• einzelne Sätze zu einem zusammenhängenden Text verbinden	☐	☐	☐
	• Bilder beschreiben und Hypothesen über Personen und Sachverhalte anstellen	☐	☐	☐
dabei vor allem	• den entsprechenden Wortschatz benutzen	☐	☐	☐
	• die Regeln der Wortstellung anwenden	☐	☐	☐
	• einige Modalverben in ihrer subjektiven Bedeutung benutzen	☐	☐	☐
	• den Imperativ benutzen	☐	☐	☐
	• die jeweils richtige Anrede benutzen	☐	☐	☐
	• Wörter richtig betonen	☐	☐	☐

b) Ich weiß jetzt Folgendes über junge Leute in Deutschland und ihre Beziehungen:

_____

_____

_____

1 Was ist für Sie bei einer Arbeit besonders wichtig, worauf legen Sie dagegen weniger/keinen Wert?
Ordnen Sie den Nomen ein passendes Adjektiv zu und berichten Sie.

Beispiel: Kurze Anfahrtswege sind für mich besonders wichtig.

Arbeitsplatz
Beschäftigung
Arbeitsklima
Karrierechancen
Mitarbeiter
Gehalt/Einkommen
Arbeitszeit
Anfahrtswege

geregelt, sinnvoll, kurz, viel, sicher,
interessant, hoch, qualifiziert, gut,
wenig, abwechslungsreich, nett

2 Was werden?

a) Lesen Sie den Text und beantworten Sie folgende Fragen:
– Für welchen Beruf hat Saskia sich schließlich entschieden?
– Welche Probleme gibt es dabei?
– Wie löst sie sie?

Was werden?

„Nach der Realschule wusste ich nicht, was ich werden wollte", erzählt Saskia (20). Sie kann gut mit Tieren umgehen und reitet leidenschaftlich gern. Doch ein Praktikum als Pferdewirtin gefiel ihr nicht. Sie durfte nur Ställe ausmisten. Keine sehr abwechslungsreiche Tätigkeit! Als sich ihr Hund verletzte, ging sie mit ihm zum Tierarzt. Dort entdeckte Saskia ihr Berufsziel. Sie bewarb sich als Tierarzthelferin. Saskia hatte Glück und bekam eine Lehrstelle im nächsten Dorf, sechs Kilometer von zu Hause entfernt. Doch die Busverbindungen waren schlecht. Sie musste mit dem Fahrrad durch den Wald zur Praxis fahren. Auch bei Regen oder Schnee. Im zweiten Lehrjahr verstarb plötzlich ihre Chefin. Saskia musste sich einen neuen Ausbildungsplatz suchen. Sie fand ihn zwanzig Kilometer von ihrem Wohnort entfernt. In dem kleinen Ort gibt es aber keinen Bahnhof. Auch den Schulbus konnte sie nicht benutzen: Ihre Arbeitszeiten sind anders als die Schulzeiten. Glücklicherweise wurde sie damals gerade 18 Jahre alt und machte ihren Führerschein. Ihre Eltern schenkten ihr ein altes Auto. Zweimal in der Woche fährt Saskia zur Berufsfachschule in die nächste Großstadt. Hier findet der theoretische Unterricht statt. Der Besuch einer solchen Schule ist für jede Ausbildung vorgeschrieben. Insgesamt drei Stunden ist Saskia unterwegs. Eine lange Anfahrtszeit, die aber nicht ungewöhnlich ist. Denn viele Berufsschulen sind in größeren Städten. Für Saskia bedeutet das: Ein Großteil ihres kleinen Verdienstes geht für Benzin und Fahrkarten drauf.

b) Ergänzen Sie die Sätze sinngemäß.

Saskia war zwar mit der Schule fertig, _____

_____

Obwohl Saskia gut mit Pferden umgehen kann, _____

_____

weil _____

_____

Ihre Lehrstelle war sechs Kilometer von ihrem Zuhause entfernt. Sie musste _____

_____

Aber im zweiten Lehrjahr _____

Deshalb _____

Saskia nahm einen Ausbildungsplatz in einem zwanzig Kilometer entfernten Dorf an, obwohl

_____

Auch die Anfahrtszeit zur Berufsschule ist lange, aber _____

_____, denn _____

_____

Saskia verdient nun zwar schon ein bisschen Geld; _____

_____

3 **Formen Sie die Sätze um mit *im Gegenteil, im Gegensatz zu …, im Gegensatz dazu/dagegen* oder *hingegen*.**

Beispiel:
Du hast dich noch nie sehr um deine Eltern gekümmert. Aber deine Schwester hat viel für sie getan.
Im Gegensatz zu dir hat deine Schwester viel für deine Eltern getan.

1. Mein Bruder und ich sind ganz verschieden. Er ist sehr sportlich, ich überhaupt nicht!
2. Gehst du gern bergsteigen? – Nein, ich hasse die Berge geradezu.
3. Hier scheint wenigstens öfter mal die Sonne. In Nordeuropa regnet es doch sehr viel.
4. Ich bin gar nicht müde, sondern noch sehr frisch.
5. Gehen dir die kleinen Kinder auf die Nerven? – Gar nicht. Ich mag sie sehr.
6. Ich möchte ins Kino, mein Freund will tanzen gehen.
7. Bist du technisch begabt? – Ich? Nein! Was ich in die Hand nehme, geht kaputt.

4 **Ergänzen Sie die Sätze sinngemäß.**

1. Einerseits finde ich ihn in seiner chaotischen Art ja ganz sympathisch. Andererseits …
2. Natürlich habe ich Verständnis für deine Probleme. Aber …
3. Erst vor kurzem hatte sie einen schweren Unfall. Trotzdem …
4. Obwohl sie sich lieben, …
5. Er hat in der Disko mehrere Gläser Whisky getrunken. Trotzdem …
6. Einerseits kann es schön sein, wenn junge Leute früh heiraten. Andererseits …
7. Obwohl seine Eltern Verständnis für ihn hatten, …
8. Er verdient zwar eine Menge Geld, …
9. Sie hat immer nur diesen Mann geliebt. Trotzdem …
10. Ich bin jetzt in einen Vorort gezogen, doch …

5   Berufe

a) Schreiben Sie links in die Tabelle etwa zehn Berufe, die Sie kennen. Ergänzen Sie dann stichwortartig die Angaben über diese Berufe.

Berufe	Tätigkeit	Ausbildung/ Studium	weitere Voraussetzungen	Gehalt/ Einkommen	zukunftssicher
Pilot					

b) Vergleichen Sie die einzelnen Berufe miteinander. Die Redemittel im Kasten helfen Ihnen dabei.

> Ein … muss länger studieren als ein …
> Ein … findet schwerer einen Arbeitsplatz als ein …
> … hat eine interessantere Tätigkeit als …
> … verdient mehr/weniger als …
> Als … wird man am ehesten arbeitslos.

6   Der Wunschkandidat von Unternehmern

a) Lesen Sie die Begriffe aus einer Statistik und erklären Sie ihre Bedeutung.

Beispiel:
Allgemeinbildung: Man hat allgemeines Wissen in sehr vielen Bereichen.

> Leistungsbereitschaft ■ praktische Berufserfahrung ■ Allgemeinbildung ■ Promotion ■
> Eigeninitiative ■ Fremdsprachenkenntnisse ■ Teamfähigkeit ■ Durchsetzungsvermögen ■
> Büroqualifikationen ■ Studium im Ausland ■ ausländischer Hochschulabschluss

b) Ordnen Sie die Begriffe den Zahlen in der Statistik zu und begründen Sie Ihre Entscheidung.

258 Unternehmen der gewerblichen Wirtschaft bewerten die Qualifikationen auf einer Skala von 1,0 (sehr wichtig) bis 3,0 (eher unwichtig).

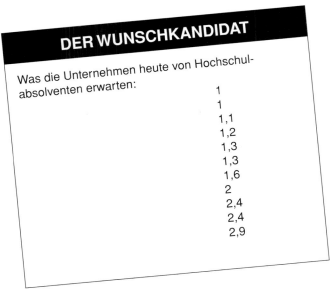

DER WUNSCHKANDIDAT

Was die Unternehmen heute von Hochschulabsolventen erwarten:

1
1
1,1
1,2
1,3
1,3
1,6
2
2,4
2,4
2,9

c) **Die Auflösung finden Sie auf Seite 29.**
   Beschreiben Sie die Statistik und vergleichen Sie sie mit Ihren Angaben.
   Benutzen Sie dazu die Redemittel im Kasten.

Die Unternehmer legen den größten Wert darauf, dass ...
Die Unternehmen wünschen sich vor allem, (dass) ...
Für die Unternehmer ist es am wichtigsten, dass ...

Sie halten ... für (viel/bedeutend) wichtiger als ...
... spielt dagegen keine so große Rolle für sie.

Die geringste Bedeutung hat für sie ...
... halten sie dagegen für relativ unwichtig.

Dagegen spielt ... hier eine größere/keine so große Rolle.

7 **Behördenärger wegen einer Hängematte**

Lesen Sie den Text und überlegen Sie bei jeder Lücke, welches Wort passen könnte.
Lesen Sie dann die Auswahlantworten und lösen Sie die Aufgaben.

Er will nur in der Mittagspause die Seele baumeln lassen. (1) hat der Zivildienstleistende Daniel Fuchs eine Hängematte zwischen ein Verkehrsschild und einen Baum in der Nürnberger Südstadt gehängt. (2) die Polizei kam: „Für so was braucht's eine Sondernutzungsgenehmigung für den Gehsteig!" (3), konnten die Beamten dem 20-Jährigen nicht recht erklären: „Hinten hängt das Seil 3,17 Meter hoch, vorne über vier Meter", so Fuchs. „Da kommt (4) eine Frau mit Kinderwagen durch."

Der junge Mann wandte sich ans Liegenschaftsamt: mit der Bitte (5) Erlaubnis, sich auf dem Gehsteig erholen zu (6). (7) gab die Frage weiter ans Ordnungsamt, das den Vorgang flugs zum „Problemfall" erklärte und zum Gartenbauamt schob, Abteilung Baumpflege und Baumschutz. Das Gartenbauamt (8) jetzt Post von Fuchs: einen Erholungserlaubnis-Antrag.

Und zur Sicherheit drei Zeichnungen (9) Millimeter-Papier, die den besorgten Baumschützern die Unbedenklichkeit der Matte erläutern sollen. (10) vermutlich wird's nichts mit der Genehmigung. Rudolf Kuhlmann vom Gartenbauamt: „Erstens könnte da (11) kommen. Und zweitens ist es (12) teuer, zu jeder Hängematte einen Beamten rauszuschicken."

T. Vermes

1.	A) Dafür	B) Dazu	C) Damit	D) Daneben
2.	A) Wenn	B) Bis	C) Nachdem	D) Solange
3.	A) Warum	B) Deswegen	C) Was	D) Außerdem
4.	A) fast	B) gerade	C) kaum	D) inzwischen
5.	A) um	B) für	C) zu	D) nach
6.	A) müssen	B) sollen	C) dürfen	D) brauchen
7.	A) Er	B) Eins	C) Wer	D) Das
8.	A) braucht	B) schickt	C) kriegt	D) schreibt
9.	A) in	B) auf	C) mit	D) aus
10.	A) Deshalb	B) Trotzdem	C) Denn	D) Doch
11.	A) jeder	B) jemand	C) einer	D) man
12.	A) noch	B) nicht	C) zu	D) viel

8 A Star is born

Lesen Sie Ninas Tagebuch und schmücken Sie den Text mit passenden Adjektiven aus dem Kasten aus (Grundform, Komparativ, Superlativ).

Nina ist siebzehn. Als die große Karriere als Fotomodell in greifbare Nähe zu rücken scheint, glaubt sie, ein Traum geht in Erfüllung.

√ aufregendste

Montag, 29.11.

Gestern war der √ Tag meines Lebens. Ich bin Miss November! Ich, Nina, bin das Mädchen dieses Monats und in der Stadt. Das war vielleicht ein Gefühl: einen Strauß Rosen im Arm, Applaus, Blitzlichter überall – ich konnte gar nichts mehr sehen. Aber manchmal kam ich mir schon vor wie bei einer Fleischbeschau! Dieses Gefühl, so im Badeanzug auf und ab zu marschieren und sich von oben bis unten anstarren zu lassen . . . Was soll's, es war ja nur ein Spaß.

Donnerstag, 2.12.

Ich komme mir vor wie in einem Traum. Gestern hat jemand von einer Modelagentur angerufen und wollte sich mit mir treffen. Der Typ meinte, ich hätte ihm gut gefallen bei der Veranstaltung; vielleicht könnte ich ja als Model anfangen. Es war dann tatsächlich auch ein Typ, absolut seriös, wie Papa sagen würde. Er hat mich in eine Kartei aufgenommen und versprochen sich zu melden.

Montag, 6.12.

Heute Nachmittag hatte ich einen Fototermin. Die Agentur wollte Probeaufnahmen von mir machen, um zu sehen, wie ich als Model rüberkomme. Also, so anstrengend hatte ich mir das nicht vorgestellt. Zusammen mit mir waren noch drei Mädchen dort. Jede wurde dann von einer Maskenbildnerin geschminkt und gestylt – „typgerecht", hat sie gesagt. Ich war mit dem Typ, den ich darstellte, gar nicht einverstanden. Aber zu protestieren hat da wenig Sinn. „Deine Meinung ist hier nicht gefragt", hat so ein Agenturmensch zu mir gesagt. Wer ich wirklich bin, will hier wohl niemand wissen.

Dienstag, 14.12.

Aus meiner Modelkarriere wird wohl nichts. Bis jetzt habe ich immer noch nichts gehört. Dabei hatte ich mir schon vorgestellt in der Karibik Aufnahmen zu machen, für Sommerklamotten natürlich. Palmen, Strand, Meeresrauschen . . . Na ja, mal sehen. Vielleicht passiert ja mal was.

Mittwoch, 22.12.

Von wegen Karibik! Es geht ins Sauerland! Und auch noch genau in der Woche, in der ich mit der Clique ans Meer fahren wollte. Das hatten wir schon seit langem für die Weihnachtsferien geplant. Aber wenn man ein Profi sein will, muss man auch mal verzichten können. Wenn erst mal Fotos von mir in allen Modezeitschriften erscheinen, kann ich mir die Jobs aussuchen.

Montag, 10.1.

Das war ja wohl ein Super-Reinfall! Frust! Wanderstiefel sollte ich vorführen. Man sieht nur meine Füße und ein Stück Hose. Kniebundhose!!! Ich hätte heulen können vor Enttäuschung. Wenn ich das vorher gewusst hätte, hätte ich nicht mitgemacht. Und dann noch dieser Fotograf! Dauernd hat er sich darüber beschwert, er bekäme nur Anfängerinnen von der Agentur, damit könne man ja keine Fotos machen, bla, bla. Dann hat er uns stundenlang in der Kälte stehen lassen, weil er auf das Licht gewartet hat – der Horror!! Am meisten hat mich geärgert, dass ich dafür auf den Urlaub am Meer verzichtet habe!

Freitag, 21.1.

Der Auftrag war anscheinend auch mein letzter. Die Agentur hat sich nicht mehr gemeldet, und alles, was von meinem Miss-Ruhm übriggeblieben ist, ist dieses Plastikkrönchen. Es war wohl doch nicht so viel dahinter, wie ich mir gedacht hatte. Ich habe mich über den Fotografen so aufgeregt, dass ich mir ein Buch über Fotografie gekauft habe und eine Kamera ausgeliehen habe. Ich will doch mal sehen, ob man auch ohne dieses Getue Bilder machen kann!

schön ■ unfreundlich ■ ganz ■ komisch ■ richtig ■ blöd ■ interessant ■ billig ■ toll ■ klein ■ nett ■ schick ■ weiß ■ grün ■ leise ■ langweilig ■ aufregend ■ knapp ■ erst ■ besagt ■ jung ■ kommend ■ traumhaft ■ echt ■ bekannt ■ absolut ■ ander ■ gut ■ (un)angenehm ■ blau ■ geplant ■ albern ■ groß ■ eisig ■ letzt

9 **Adjektive als Nomen**
Ergänzen Sie das Nomen.

Beispiel:
Er erzieht seine beiden Kinder ganz allein; er ist einer der vielen Alleinerziehenden, die es in letzter Zeit in Deutschland gibt.

1. Diese Leute kenne ich schon lange, das sind gute _____ von mir.

2. Meine Freunde sind noch Azubis, das heißt _____.

3. Kommen viele Touristen aus Deutschland hierher auf Urlaub? – Ja, hierher kommen vor allem

   _____.

4. Bei dem Erdbeben wurden sogar Menschen getötet. Insgesamt gab es sieben _____.

5. Meine Freundin ist mit fast allen Leuten aus dem Dorf verwandt, die denselben Namen haben wie sie.

   Das sind alles _____ von ihr.

6. Erwachsene regen sich oft über die Jugend von heute auf. Warum eigentlich? – Die _____

   sind eben meistens anders als ihre Eltern und Großeltern.

7. Er ist schon sehr lange bei dieser Firma angestellt. In zwei Jahren feiert er sein 25-jähriges Dienst-

   jubiläum als _____ dieser Firma.

8. Durch die Schließung der Fabrik haben in diesem Dorf viele Menschen ihre Arbeit verloren.

   Es gibt jetzt eine Menge _____ hier.

9. Zivis arbeiten oft in Altersheimen und kümmern sich um die _____.

10. Die Freunde meines Bruders sind alle in seinem Alter, er spielt am liebsten mit

    _____.

10 „… und dann kam alles anders!"

a) Lesen Sie den Text und unterstreichen Sie die Schlüsselbegriffe.

Carmen Kruse fand ihre Ausbildung zur Friseurin „ganz toll",
aber …

Manchmal kommt alles anders!

„Schon als kleines Mädchen wollte ich Friseurin werden. Und dann lief auch alles ganz prima. Mein Betriebspraktikum an der Haupt-
5 schule habe ich natürlich in einem Friseursalon gemacht. Dort bekam ich schließlich auch einen Ausbildungsplatz.

Alles klar!?

10 An Allergien oder so habe ich gar nicht gedacht. Ich hatte ja noch nie etwas. Aber meine Chefin hat mir gesagt, dass ich auf jeden Fall zur ärztlichen Untersuchung
15 gehen müsse. Bei einem Hautarzt habe ich einen Allergie-Test gemacht. Stoffe für Dauerwellen, Färbemittel, Shampoo – alles Mögliche hat er mir auf den
20 Rücken geschmiert. Da blieb das dann drei Tage unter Spezialpflastern. Passiert ist gar nichts. Toll – keine Allergie, habe ich gedacht. Meine Lehre hat mir Spaß ge-
25 macht. Ich durfte bald mehr machen als nur Haare kehren und Haare waschen. An Modellen habe ich Schneiden geübt. Ich habe Dauerwellen gewickelt und
30 dann immer mehr mit Farbe gearbeitet. Das hat mir besonders gut gefallen: Leute zu verändern.

Leider nicht lange …

Aber dann, so etwa nach einem
35 halben Jahr, fing's an. Wenn ich mich über die Farbschüssel beugte, bekam ich Atemnot, und es wurde mir schlecht. Manchmal passierte mir das auch einfach so,
40 wenn es warm war im Salon und wenn viele Gerüche in der Luft hingen. Immer häufiger war ich krank. Ich bekam eine schwere Bronchitis. Die wurde so schlimm,
45 dass mich mein Hausarzt zum Lungenfacharzt geschickt hat.

Dem musste ich alle Produkte, die wir im Salon verwendet haben, mitbringen. Beim Atemtest kam es
50 dann heraus: Asthma, ausgelöst

durch Haarfärbemittel. Ich wurde sofort krankgeschrieben. Das war das Ende meiner Friseurlehre. Der Arzt hat mir das klipp und klar ge-
55 sagt. Wenn nur meine Haut allergisch reagiert hätte, wäre vielleicht mit Handschuhen etwas zu machen gewesen. Aber die Atemwege kann man nicht schützen.

60 Wieder am Anfang

Das war ein Schock! Plötzlich stand ich wieder am Anfang. Meine Zwillingsschwester und meine Freundinnen hatten plötz-
65 lich ein Jahr Vorsprung. Ich bin sofort zur Berufsberatung gegangen. Ich habe mein Problem geschildert und auch gleich gesagt, was mir gefallen würde. Mit Men-
70 schen wollte ich auf jeden Fall zu tun haben. Kauffrau im Einzelhandel? Das fand ich ganz gut.

Nur Lebensmittel wollte ich auf gar keinen Fall verkaufen – Texti-
75 lien vielleicht, modische Kleidung noch lieber. Ja, ein Kaufhaus wäre nicht schlecht. Schließich bekam ich einen Computerausdruck mit fünf Adressen.

80 Glück gehabt

Beworben habe ich mich aber woanders. Ganz in meiner Nähe hatte ein großes Textilhaus eröffnet. Da bin ich einfach hin. Und
85 das hat geklappt! Zeitlich hat es auch gut gepasst. Ich habe gerade noch das neue Lehrjahr erreicht. Wieder habe ich Glück gehabt und eine richtig gute Ausbildungs-
90 stelle erwischt.
Dass dann doch alles wieder ein bisschen anders kam als geplant, ist eine andere Geschichte. Ich bekam ein Baby, im zweiten Jahr
95 der Ausbildung zur Einzelhandelskauffrau. Ich erzähle das, weil ich denke, dass es in jeder neuen Situation auch neue Wege gibt. Meinem Ausbilder ist eine gute
100 Lösung eingefallen. Er hat mit der Industrie- und Handelskammer ausgehandelt, dass ich meine Ausbildung schon nach zwei Jahren mit der Prüfung zur Verkäuferin
105 abschließen konnte. Das geht, wenn man einen triftigen Grund hat. Und ich hatte ja einen. Im Januar bestand ich die Prüfung, im Februar wurde meine Tochter ge-
110 boren. Nun bin ich zwar nicht Einzelhandelskauffrau geworden, denn dann hätte ich noch ein Jahr länger lernen müssen. Aber wer weiß, ob ich den Abschluss mit
115 dem Kind tatsächlich noch gemacht hätte. Jetzt habe ich etwas in der Hand. Das ist doch heute so wichtig. Und als Verkäuferin finde ich später bestimmt eine
120 Stelle.

b) Lesen Sie den Text noch einmal und ergänzen Sie stichwortartig die fehlenden Informationen im Raster.

1. Zeitpunkt der Berufsentscheidung   als kleines Kind

2. Schulausbildung

3. Allergie-Test mit Hilfe von (2 Angaben)

4. Testergebnis

5. Tätigkeiten während der Lehre (2 Angaben)

6. Symptome der Allergie (2 Angaben)

7. Art des Tests, bei dem Allergie festgestellt wurde

8. Konsequenzen

9. Vorlieben bei der zweiten Berufswahl

10. Berufsentscheidung

11. normale Dauer der Ausbildung

12. Grund für den vorzeitigen Abschluss der Ausbildung

13. erlernter Beruf

14. Zukunftschancen

11 Praxisnah studieren – persönlicher und formeller Brief

PRAXISNAH STUDIEREN

Eine ideale Verknüpfung von Hochschulbesuch und praktischem Berufsleben bieten duale Studiengänge. In vorlesungsfreien Zeiten arbeiten die Studenten im Ausbildungsbetrieb. Lohn der Mühe: gute Einstiegschancen für den Beruf.

a) Persönlicher Brief

Nikos aus Griechenland interessiert sich für duale Studiengänge. Deshalb hat er einen Brief an einen deutschen Freund geschrieben, in dem er ihn um weitere Informationen bittet.
Unterstreichen Sie im Brief alle Ausdrücke, die darauf hinweisen, dass es sich hier um einen persönlichen Brief handelt.

Lieber Jonas,

du weißt, dass ich mir schon eine ganze Weile den Kopf darüber zerbreche, für welchen Beruf ich mich entscheiden soll. Nun habe ich in einer deutschen Zeitschrift etwas gelesen, was eventuell meinen Wünschen und Vorstellungen entsprechen könnte, nämlich eine Mischung von Studium und praktischer Ausbildung, und dazu hätte ich nun einige Fragen an dich.

Wie du weißt, lerne ich ja schon viele Jahre Deutsch und habe auch schon die Mittelstufen- prüfung am Goethe-Institut abgelegt. Ich weiß aber nicht, auf welchem Niveau die Sprach- prüfung für ausländische Studenten ist, die an deutschen Unis studieren wollen. Könntest du mir da vielleicht konkrete Informationen geben?

Könntest du außerdem noch in Erfahrung bringen, was so ein Studium kostet und ob es Stipendien gibt?

Ich möchte auch wissen, wie es mit dem Wohnen ist. Das ist für ausländische Studenten ja immer ein Problem. Hilft die Uni bei der Zimmervermittlung?

So viel für heute. Vielen Dank für deine Hilfe!

Herzliche Grüße

Nikos

b) Formeller Brief

Schreiben Sie den Brief von Nikos an eine deutsche Hochschule. Die Redemittel helfen Ihnen. Denken Sie daran, dass es sich dabei um einen formellen Brief handelt.

Ort, Datum	…, den …
Anrede	Sehr geehrte(r) Frau (Herr)/Sehr geehrte Damen und Herren!
Einleitung	Durch Ihre Anzeige in der …-Zeitung bin ich auf Sie aufmerksam geworden./ Mit diesem Schreiben wende ich mich an Sie mit der Bitte/ möchte ich Sie um … bitten.
Grund für das Schreiben	Da ich …/ Aufgrund meiner Wünsche und Vorstellungen … Deshalb …
Bitte um Information	Könnten Sie … bitte … Ich wäre Ihnen sehr dankbar, wenn … Es wäre wichtig für mich zu wissen, … Ich hätte (außerdem) gern gewusst, …
Dank aussprechen	Für Ihre Mühe vielen Dank/besten Dank im Voraus.
Grußformel	Mit freundlichen Grüßen
Unterschrift	(Vor- und Familienname)

Verben

etw. abbauen
jdm. abraten von (Dat),
    riet ab, abgeraten
jdn./etw. bedienen
etw. berücksichtigen
bestehen,
    bestand, bestanden
etw. einschätzen
jdn. entlassen,
    entließ, entlassen
sich entscheiden für (Akk),
    entschied, entschieden
gelten als,
    galt, gegolten
sich orientieren an (Dat)
profitieren von (Dat)
sinken,
    sank, ist gesunken
steigen,
    stieg, ist gestiegen
etw. überbewerten
verfügen über (Akk)
etw. vermeiden,
    vermied, vermieden
wachsen,
    wuchs, ist gewachsen
sich weiterbilden
zurückgehen,
    ging zurück, ist zurückgegangen

Nomen

die Abteilung, -en
der Akademiker, -
die Allgemeinbildung
das Arbeitsklima
der Artikel, -
die Aufstiegschance, -n
die Ausbildung
der Bedarf an (Dat)
der Bestand, ¨e
der Betriebswirt, -e
die Branche, -n
der Buchhalter, -
die Datenverarbeitung
das Durchsetzungsvermögen
die Eigeninitiative, -n
das Einkommen
der Einzelhandel
die Erziehung
der Experte, -n
der Fachmann, die -frau, -leute
das Gehalt, ¨er
der Gewinn, -e
der Grafiker, -
das Gut, ¨er
der Handel
das Handwerk
die Hiobsbotschaft, -en

der Hochschulabschluss, ¨e
der Jurist, -en
die Karrierechance, -n
die Kompetenz, -en
die Koordination
das Kriterium, -ien
der Kunde, -n
der Kundendienst
das Lager, -
die Leistungsbereitschaft
der Maschinenbau
der Misserfolg, -e
der Naturwissenschaftler, -
das Personal
die Reinigungsfachkraft, ¨e
die Reklamation, -en
der Schalter, -
die Steuer, -n
der Steuerberater, -
die Tätigkeit, -en
die Teilnahme
das Umfeld
die Vermittlung
die Verpackung, -en
der Versorger, -
der Vertrieb
die Verwaltung, -en
die Voraussetzung, -en
die Ware, -n
der Wehrdienstverweigerer, -
der Werbefachmann, die -frau, -leute
der Werkzeugmacher, -
die Wirtschaft
das Ziel, -e
der Zivildienstleistende, -n
die Zukunftsaussicht, -en
der Zusammenhang, ¨e

Adjektive

einstig
entscheidend
flexibel
gelernt
herkömmlich
hoch qualifiziert
keineswegs
krisensicher
mittelfristig
offenbar
reihenweise
sinnvoll
verantwortungsvoll
zeitgemäß
zukunftssicher

Ausdrücke

eine breit angelegte Ausbildung
die Meinungen gehen auseinander
einen Beruf/eine Tätigkeit ausüben
es bestehen (gute) Chancen
eine Entscheidung treffen
im Hinblick auf (Akk)
innerhalb des Betriebs
ein hohes Maß an (Dat)
(kein) Maßstab sein für (Akk)
einer Sache zum Opfer fallen
sich selbständig machen
es macht Sinn
im Trend liegen
anderswo/irgendwo unterkommen
konkrete Vorstellungen von etw. haben
den Beruf wechseln/
    in einen anderen Beruf wechseln
Wehrdienst, Zivildienst leisten

Lösung zu
Seite 22

DER WUNSCHKANDIDAT

Was die Unternehmen heute von Hochschulabsolventen erwarten:

Leistungsbereitschaft	
Eigeninitiative	1
Teamfähigkeit	1
Fremdsprachenkenntnisse	1,1
praktische Berufserfahrung	1,2
Durchsetzungsvermögen	1,3
Allgemeinbildung	1,3
Büroqualifikationen	1,6
Promotion	2
Studium im Ausland	2,4
ausländischer Hochschulabschluss	2,4

Quelle: IW   2,9

12 Ergänzen Sie die passenden Verben aus der Wortliste.

1. jemanden aus dem Krankenhaus _____

2. seit über hundert Jahren als Firma _____

3. über viel Geld _____

4. überzählige Arbeitsplätze, Vorurteile _____

5. von den Erfahrungen und dem Wissen älterer Leute _____

6. jemandem von einem gefährlichen Vorhaben _____

7. alle unnötigen Anstrengungen _____

8. sich an einem Vorbild _____

9. sich für den Beruf des Maschinenschlossers _____

10. eine Situation richtig _____

11. als besonders arbeitsam _____

13 Berufe

a) Ergänzen Sie die fehlenden Formen.

maskulin	feminin	Plural
_____	_____	Steuerberater/-beraterinnen
_____	Expertin	_____
Werbefachmann	_____	_____
Ingenieur	_____	_____
_____	Konditorin	_____
_____	_____	Juristen, Juristinnen
_____	_____	Reinigungsfachkräfte
Dolmetscher	_____	
_____	_____	Bankkaufleute

b) Wo arbeiten diese Leute?

Beispiel:

Ein Steuerberater/Eine Steuerberaterin arbeitet in einem Steuerberatungsbüro oder zu Hause.

14   Was tun diese Leute? Erklären Sie wie im Beispiel.

Maschinenbauer: *jemand, der Maschinen baut*
Betriebswirt: *jemand, der sich mit der Organisation eines Betriebs beschäftigt*

1 Steuerberater   2 Buchhalter   3 Jurist   4 Werbefachmann
5 Naturwissenschaftler   6 Einzelhändler   7 Werkzeugmacher

15   Ergänzen Sie das Nomen.

Beispiel:
dort werden die produzierten Waren einer Firma bis zum Verkauf aufbewahrt: *Lager*

1. Personal, das für die Sauberkeit verantwortlich ist: _____

2. die Möglichkeit, sich im Beruf zu verbessern: _____

3. man bezahlt sie prozentual, z.B. von seinem Gehalt an den Staat: _____

4. das Geld, das ein Angestellter oder Beamter monatlich verdient: _____

5. man macht bei etwas mit: _____

6. sehr schlechte Nachrichten: _____

7. jemand, der auf seinem Gebiet sehr viel weiß: _____

8. Beschwerde über schadhafte Ware: _____

9. jemand, der an einer Universität studiert hat: _____

16   Ergänzen Sie passende Adjektive aus dem Kasten.

1. *eine verantwortungsvolle* ____ Position   6. _____ Planung
2. _____ Entlassungen   7. _____ Berufe
3. _____ Ausbildungskonzept   8. _____ Schuhmacher
4. _____ Tätigkeit   9. _____ Voraussetzungen
5. _____ Wissenschaftler

entscheidend   reihenweise   verantwortungsvoll   zeitgemäß
gelernt   mittelfristig   hoch qualifiziert   sinnvoll   zukunftssicher

17 Ergänzen Sie den passenden Ausdruck.

1. Viele Jugendliche wissen am Ende ihrer Schulzeit noch nicht genau, was sie später beruflich machen wollen: Sie haben noch keine _____ von ihrem späteren Beruf.

2. In diesem Beruf braucht man nicht sein Leben lang als Angestellter zu arbeiten; man kann

   _____.

3. Gewöhnlich müssen Jungen in Deutschland nach der Schule _____.

4. Wenn jemand das aus Gewissensgründen nicht tun möchte, kann er _____.

5. Das sicherste Mittel gegen Arbeitslosigkeit ist immer noch eine Ausbildung, die einem erlaubt, in einen anderen Beruf zu wechseln, also eine _____.

Wie beurteilen Sie Ihren Lernerfolg?

a) **Was können Sie jetzt gut/schon besser als vorher?**
   Wo haben Sie noch große Probleme?
   Kreuzen Sie an.

		gut	schon besser als vorher	Es gibt noch große Probleme.
Texte hören, lesen und verstehen	• mit Hilfe von voraus- oder zurückverweisenden Wörtern den Textzusammenhang verstehen	☐	☐	☐
	• in einem Text mit einigen unbekannten Wörtern Einzelheiten verstehen	☐	☐	☐
	• in einem Hörtext Schlüsselbegriffe beim ersten Hören verstehen	☐	☐	☐
	• in einem Hörtext Einzelheiten verstehen	☐	☐	☐
sprechen und schreiben	• über Berufe und ihre Zukunftsaussichten sprechen	☐	☐	☐
	• Vor- und Nachteile von Berufen beschreiben	☐	☐	☐
	• über Zivildienst sprechen	☐	☐	☐
	• Statistiken beschreiben und darüber sprechen	☐	☐	☐
	• anhand von Fotos einen Vortrag halten	☐	☐	☐
dabei vor allem	• den entsprechenden Wortschatz benutzen	☐	☐	☐
	• konzessive Angaben verwenden	☐	☐	☐
	• Adjektive deklinieren	☐	☐	☐
	• Adjektive steigern	☐	☐	☐

b) **Ich weiß jetzt Folgendes darüber, welche Probleme deutsche Jugendliche bei der Berufswahl haben und was sie vom Berufsleben erwarten:**

_____

_____

_____

1 Gespräche führen

a) **Sie wollen in Ihrer Schule einen Sportverein gründen.**
Führen Sie ein Gespräch mit dem Direktor/der Direktorin der Schule, in dem Sie ihn/sie von Ihrem Vorhaben zu überzeugen versuchen und seine Notwendigkeit begründen.

Bei einer Diskussion kann man besser reagieren, wenn man sich schon vorher mögliche Gegenargumente zum eigenen Standpunkt überlegt hat.
Bereiten Sie zu dritt (zwei Schüler – Direktor/in) ein Gespräch vor und notieren Sie dabei Argumente für und gegen den Schulsportverein. Diskutieren Sie dann in der Klasse. Am Ende sollten Sie sich auf eine gemeinsame Lösung einigen.

b) **Sie wollen im Ausland studieren. Diskutieren Sie darüber mit Ihren Mitschülern.**

c) **Sie sind finanziell noch von Ihren Eltern abhängig und wollen bald heiraten.**
Diskutieren Sie darüber mit einem Freund/einer Freundin.

2 Als gäbe es alles umsonst …
Schreiben Sie Sätze wie im Beispiel.

Die Jugendlichen bekommen den Eindruck,   als gäbe es alles umsonst.
Die Kinder/Jugendlichen tun so,   als ob es alles umsonst gäbe.

✓ – alles umsonst geben
– alles haben können
– ein Eis und ein Fernsehapparat; den gleichen Wert haben
– Geld: nicht erst verdient werden müssen
– teure Kleidung: besser sein
– Diebstahl: kein Verbrechen sein
– sich jeden Wunsch erfüllen können
– den Umgang mit Geld nicht lernen müssen
– sich alles nehmen können, was man sieht

3 Ergänzen Sie die irrealen Vergleichssätze.

Beispiel:
Sie spricht so gut Deutsch (Deutsch Muttersprache sein)
Sie spricht so gut Deutsch, als ob Deutsch ihre Muttersprache wäre.

1. Er spielt die Klaviersonate schon beim ersten Mal so perfekt (sie schon hundertmal üben).
2. Die beiden stritten sich so erbittert (sich nie gern gehabt haben).
3. Du gibst so viel Geld aus (Millionär sein).
4. Er kennt sich so gut aus in der Stadt (schon jahrelang hier leben).
5. Ihr seht so müde aus (den ganzen Tag hart arbeiten).
6. Sie freute sich so sehr über seinen Besuch (sich jahrelang nicht sehen).
7. Er schaut alle fünf Minuten auf die Uhr (gleich etwas Wichtiges vorhaben).

4 Nomen, Verben und Adjektive mit Präposition

a) Was ist typisch für junge Leute? Ergänzen Sie.

- Kritik üben an …
- Freude haben an …
- Begeisterung zum Ausdruck bringen über …
- Zweifel äußern an …

b) Ergänzen Sie, was fehlt.

Nomen	Verb/Adjektiv
Einfluss auf	*jemanden beeinflussen*
Eifersucht auf	
_____	neidisch auf
Hass	
Erinnerung an	
Antwort auf	
Glaube an	
Gedanke an	
Klage über	
Aufforderung zu	
Konzentration auf	
_____	sich binden an
_____	appellieren an
_____	protestieren gegen
_____	etw. kritisieren
_____	sich freuen über
_____	sich interessieren für
_____	teilnehmen an
Zweifel an	
_____	kämpfen um
_____	etw. anbieten
Liebe zu	
Mangel an	

c) Was passt zusammen? Ergänzen Sie die passende Präposition und den passenden Kasus. Wählen Sie mindestens fünf Ausdrücke aus und bilden Sie je einen Satz dazu.

Beispiel: *Man sollte den Einfluss der Werbung auf die jungen Leute nicht unterschätzen.*

der Einfluss	Eltern
die Erinnerung	die jungen Leute
der Glaube	die schwierige Frage
der Zweifel	wichtige Voraussetzungen
die Antwort	der Konkurrent
der Gedanke	Gott
die Eifersucht	die beste Freundin
der Mangel	der Arbeitskollege
der Hass	die Zuverlässigkeit des Freundes
die Liebe	die schönen Ferien
die Klage	die hohen Ansprüche

5 Ordnen Sie die Satzteile einander zu.

1. Es wird …		die Werbesendung im Fernsehen.
2. Viele identifizieren sich …	*auf*	Werbung.
3. Werbung informiert …		gute Werbespots lachen.
4. Man kann …	*mit*	jede Werbung.
5. Viele Leute halten gar nichts …		neue Produkte.
6. Ich mag Werbespots …	*für*	alle möglichen Produkte geworben.
7. Meine Mutter ärgert sich		den Personen aus der Werbung.
8. Mein kleiner Bruder wartet immer schon ungeduldig	*über* *von*	die man nachdenken muss.

6 Werbung, Schönheit und Attraktivität – was junge Leute darüber sagen
Ergänzen Sie die fehlenden Präpositionen.

– Viele junge Mädchen leiden _____ Essstörungen, weil sie immer dünner werden wollen.

– Ich stehe _____ große, sportliche Jungen.

– _____ dicke Jugendliche werden oft Witze gemacht.

– Es ist wichtig, dass ich mich _____ einem Jungen gut unterhalten kann.

– Ich finde es blöd, wenn man sich total _____ der Mode richtet.

– Wenn man jemanden zum ersten Mal sieht, muss man sich ja _____ seinem Äußeren orientieren. Man weiß ja noch nichts _____ die Person.

– Ich achte zuerst immer _____ die Augen, wie ausdrucksvoll sie sind.

– Ich finde, man sollte sich _____ der Werbe-Industrie distanzieren, die das gängige Schönheitsideal schafft. Schließlich sind die Traumtypen aus der Werbung oft auch verantwortlich _____ Phänomene wie Bulimie oder Magersucht.

– Aussehen ist nicht alles. Wenn man _____ jemandem Spaß haben kann, ist das Äußere unwichtig.

_____

7 Ergänzen Sie die Sätze sinngemäß.

1. Interessierst du dich nicht *für den hübschen Jungen aus der Parallelklasse?*
2. Freust du dich auch schon so ....?
3. Ich muss immer .... denken.
4. Leider haben nicht viele Menschen .... teilgenommen.
5. Beschäftigt euch doch lieber mehr ....!
6. Ihr seid alle ganz herzlich .... eingeladen.
7. Hast du schon mal .... geachtet?
8. Man kann sich sicher .... verlassen.
9. Es sind immer dieselben, die sich .... beschweren.
10. Ich würde niemals .... zweifeln.

8 Worauf könnte sich das beziehen? Schreiben Sie wie in den Beispielen.

TIPP:
Nach Sachen fragt man immer mit „Wo" (r) + Präposition. (Wodurch, Worauf, Wozu, ...)

Ich denke oft an sie. – An wen? – An Sofia.
Ich sehne mich so nach ihm. – Nach wem? – Nach Stefan.
Denkst du auch gern daran? – Woran? – An den letzten Urlaub.
Sehnst du dich auch danach? – Wonach? – Nach einer sonnigen Insel in der Südsee.

1. Ich bin wirklich sauer auf ihn.
2. Die Werbung gehört einfach dazu.
3. Daran wollen wir auch teilnehmen.
4. Alle wundern sich über sie.
5. Dadurch lernt man neue Produkte kennen.
6. Vielleicht sollte man sich einmal über sie beschweren.
7. Mit dem will ich nichts zu tun haben.
8. Er versucht immer uns davon abzulenken.
9. Damit haben wir schon lange gerechnet.
10. Was kannst du dazu sagen?
11. Ich habe dich nie nach ihnen gefragt.
12. Damit beschäftigen sich die meisten Mädchen.
13. Alle schimpfen über ihn.
14. Daran leiden viele Menschen.
15. Freut ihr euch auch so darauf?
16. Alle warten auf ihn.
17. Darüber unterhalten sich die jungen Leute.

9 Ergänzen Sie den Satz sinngemäß.

1. Ich habe keine Lust dazu, *jetzt Hausaufgaben zu machen.*
2. Immer muss man dich daran erinnern, *dass der Müll runtergebracht werden muss.*
3. Alle haben mir dazu geraten, ...
4. Hör endlich damit auf, ...
5. Du solltest dich schon dafür entschuldigen, ...
6. Muss man dich denn jedes Mal darum bitten, ...
7. Ich habe mich wirklich sehr darüber geärgert, ...
8. Er hat sich allmählich daran gewöhnt, ...
9. Warum fürchtest du dich davor, ...
10. Ich halte nichts davon, ...
11. Wir rechnen fest damit, ...
12. Es liegt ihr viel daran, ...
13. Niemand glaubt mehr daran, ...
14. Die Bürger haben lange dagegen gekämpft, ...

10 Kleider machen Leute

Beim folgenden Text handelt es sich um einen Kommentar zur Fitnesswelle.
In einem Kommentar bringt der Verfasser/die Verfasserin vor allem seine/ihre persönliche Meinung und
Einschätzung zum Ausdruck.

**a) Die Verfasserin äußert sich hier sehr ironisch zum Thema „Kleider machen Leute".
Lesen Sie den Text und unterstreichen Sie dabei die Textstellen,
in denen sie etwas über ihre eigenen Vorlieben sagt.**

Mit der Fitnesswelle ist die Welt bunter geworden

Kleider machen Leute beim Freizeitsport

Ach, wenn doch Kondition nur
käuflich wäre! Ich selbst
würde mich als nicht besonders
sportlich einstufen. Zweimal die
5 Woche gehe ich morgens um
sechs zum Schwimmen. Ansonsten
bewege ich mich, von vereinzelten
Radtouren abgesehen, nur,
wenn's nicht anders geht, vorzugs-
10 weise mit dem Rad. Mit meinem
Dreigangrad bin ich noch fast
jeden Buckel hochgekommen –
langsam, aber beharrlich. Und
lange bevor ich das Autofahren
15 aufgegeben habe, bin ich auf einen
Wagen mit Automatik umgestiegen,
weil mir eigentlich nicht einleuchten
wollte, was am Herumrühren
im Schaltgetriebe sportlich
20 sein soll.

„Baby, let's talk about Gym and Swim"

Kein Tennis also, kein Squash,
kein Bodybuilding, kein Surfen
25 oder Kajakfahren. In meiner Freizeit
ruhe ich mich am liebsten bei
einem guten Buch aus. Mir ist bewusst,
dass ich in einer „sportiven"
Freizeitgesellschaft so etwas
30 wie einen verkörperten Anachronismus
darstelle. Bewegung, respektive
Sport, ist gesund, und
dass der Mensch Sport treibt, erhebt
ihn allein schon über alle
35 Tiere. Denn welches Tier würde
freiwillig auf ein Nickerchen in
der Sonne verzichten und statt
dessen vierzig Bahnen in gechlortem
Wasser ziehen?
40 Die Zeiten, da es völlig ausreichte,
vor dem Fernseher bei reichlich
Bier und Erdnüssen die Beine
hochzulegen und mit sportlichem
Eifer die eigene Elf televisuell an-
45 zufeuern, sind also passee. No
sports is out, Aktivität angesagt.
In den letzten Jahren hat der
Trend zum Freizeitsport in einem
Maße um sich gegriffen, das für
50 Bewegungsscheue ziemlich beängstigend
wirken muss. Alte Sportarten
wurden umbenannt, immer
neue kreiert. Let's talk about
sports, Baby, let's talk about Gym
55 and Swim… Nennen wir's doch
einfach beim (englischen) Namen:
Bodywalking, Building, Fitness
Skating, Trekking, Outdoor-touring.
Mit Fitnesswelle und neuer Frei-
60 zeitsportbewegung ist die Welt
bunter geworden: Ob auf der Skipiste
oder im Whirlpool – man bekennt
Farbe. Sport ist Mode.
Sport macht Mode. Hautenge
65 Radlerhosen schillern in grellen
Signalfarben, aus den Freibadfluten
steigen knallbunte Plastiktrikotnixen,
und wer ohne bonbonfarbene
Teflon-Wind-und-Wetter-
70 Kleidung wandert, muss aus dem
vorigen Jahrhundert sein. Keine
zünftigen roten Socken mehr,
auch kein dunkelblaues Turnhöschen
für den morgendlichen Dau-
75 erlauf – wer joggt, trägt poppige
Shorts oder figurbetonte Leggings,
wer nicht joggt, auch, leider.
Kurz gesagt, nur wenn man sich
richtig durchstylt, macht der Frei-
80 zeitsport erst wirklich Spaß. Jede
Sportart verlangt nach ihrer typischen
Kleidung, und so hat man
tatsächlich das echte Tennis-Feeling
in der Steffi-Graf-Collection –
85 konventionelles Weiß in Weiß
wäre todlangweilig; beim Schuhwerk
setzt man, wie André Agassi,
auf Air-Tech-Future.
Es ist das Feeling, was sich kaufen
90 lässt – Kleider machen Leute, Outfit
macht sportlich. Wenn sich
aber doch nur Kondition kaufen
ließe! Da radelte ich kürzlich,
ganz unzeitgemäß in der kurzen
95 Jeans und in Sandalen, mit meinem
Supermarktrad hinter all den
durchgestylten behandschuhten
Freizeitsportlern auf ihren teuren
Trekkingrädern und Alu-Light-Ri-
100 dern her. Am ersten sanften Hügel
habe ich eine Vision: Ich bin in
eine Rad fahrende Schneckenkolonie
geraten …

Doch keine Nation von Leistungssportlern

Aber ich will ja nicht zynisch werden.
Vielleicht haben die geschätzten
Mit-Radler nur vergessen, auf
die professionelle Ernährung zu
110 achten, die das Plus an Leistung
garantiert. Mineralstoffe, Vitaminkonzentrate,
isotonische Durstlöscher,
konzentrierte Kohlenhydrate
und Proteinkonzentrate –
115 das gibt's schließlich in jedem
guten Sportgeschäft. Ich frage
mich nur: Wenn das so einfach ist,
warum sind wir dann nicht eine
Nation von Leistungssportlern?
120 Vielleicht hat es doch was mit der
Kondition zu tun, mit dem Vonnichts-kommt-nichts?
Aber damit
ist es wie mit dem Geld: Wenn
man's hat, verliert man keine
125 Worte darüber.

Maja Langsdorff

b) Lesen Sie den Text noch einmal. Was ist richtig (R), was ist falsch (F)?

	R	F
1. Sie beneidet Leute, die sportlich sind.	☐	☐
2. Sie macht sich nichts aus sportlichem Autofahren.	☐	☐
3. Sie findet Lesen gut.	☐	☐
4. Ihr gefällt sportliche Betätigung in der Freizeit.	☐	☐
5. Sie findet Schwimmen im Schwimmbad nicht besonders attraktiv.	☐	☐
6. Für sie ist Figur betonende Sportkleidung gewöhnlich ein erfreulicher Anblick.	☐	☐
7. Sie findet gesunde Ernährung absolut notwendig für ein gesundes Leben.	☐	☐

11 **Training zum Schriftlichen Ausdruck – Redemittel für den formellen Brief**

Welche Redemittel passen zu einem Hörerbrief (formellen Brief)?
Kreuzen Sie an und begründen Sie Ihre Meinung. (Es können auch mehrere Lösungen passen.)

Anrede:
☐ Liebe Nicole!
☐ Sehr verehrte Dame!
☐ Sehr geehrte Frau Grossmann!

Einleitung:
☐ Meine Freundin hat mir Ihre Sendung wärmstens empfohlen.
☐ Nun habe ich endlich Zeit gefunden Ihnen zu schreiben.
☐ Ich höre Ihre Sendung ziemlich regelmäßig, weil sie aktuell und informativ ist.
☐ Ich studiere Psychologie und habe noch ein Semester bis zum Diplom.
☐ Ich bin sechzehn Jahre alt und gehe noch zur Schule.

Hauptteil:
☐ Das darf doch nicht wahr sein.
☐ Es hat mich sehr betroffen gemacht zu hören, wie leicht so ein Diebstahl passieren kann.
☐ An ihrer Stelle würde ich mich schämen so etwas Schlimmes zu tun.
☐ Bei uns passieren auch solche Dinge.
☐ Die Haare würden dir zu Berge stehen, wenn du wüsstest, was hier geschieht.

Schluss:
☐ Jetzt muss ich meinen Brief schließen, weil ich keine Zeit mehr habe.
☐ Ich würde es sehr begrüßen, wenn Sie auch in Zukunft über solche Themen sprechen.
☐ Ich würde mich sehr freuen Sie persönlich kennen zu lernen.
☐ Ich wäre Ihnen sehr dankbar, wenn Sie etwas gegen die Ladendiebstähle unternehmen würden.

Grußformel:
☐ Hochachtungsvoll
☐ Mit freundlichen Grüßen
☐ Mit herzlichen Grüßen

12 **LERNMASKE MIRKA – In einer Woche 2000 Vokabeln**

Eine Schülerin, die kurz vor dem Abitur steht, hat ein Gerät zum Vokabellernen gekauft, ist aber mit dem Ergebnis überhaupt nicht zufrieden. In einem Brief an einen deutschen Freund macht sie ihrem Ärger und ihrer Unzufriedenheit Luft.

a) Lesen Sie, was sie geschrieben hat, und unterstreichen Sie alle Formulierungen und Formalien, die für einen persönlichen Brief typisch sind.

Lieber Tim,

ich muss dir unbedingt berichten, was mir passiert ist!

Letzten Monat habe ich bei der Firma Hellser eine Lernmaske gekauft, die 250 Euro gekostet hat! Ich hatte mal eine Anzeige darüber gelesen, in der stand, dass man damit ganz leicht Vokabeln lernen kann. Da dachte ich mir gleich, das ist sicher das Richtige für mich. Du weißt ja, wie schwer es mir fällt, Wörter zu behalten.

Aber obwohl ich die Lernmaske ganz genau so benutzt habe, wie es in der Gebrauchsanweisung steht, ist dabei nichts herausgekommen. Dafür habe ich Migräne bekommen, die noch immer nicht ganz weg ist. Müheloses Lernen – das soll wohl ein Witz sein!

In der Anzeige stand auch, dass man das Gerät innerhalb eines Monats zurückgeben kann, wenn es einem nicht gefällt, und dass man dann sein Geld zurückkriegt. Das wollte ich dann auch.

Ich habe versucht, die Angelegenheit telefonisch zu erledigen, aber da war nichts zu machen. Die geben das Geld nicht mehr raus. Nun habe ich mit einem Rechtsanwalt gesprochen und werde noch einmal mein Geld zurückverlangen. Wenn das nicht klappt, muss ich wohl gegen die Firma klagen.

Lass bald mal was von dir hören!

Herzliche Grüße,

deine Alice

b) Ergänzen Sie den formellen Brief an das Versandhaus, über das Alice das Gerät bezogen hat (1–2 Wörter pro Lücke). Die Informationen des persönlichen Briefs helfen Ihnen dabei.

```
An die Firma Hellser
z. Hd. Herrn Sommer

Reklamation Sprachlernmaske MIRKA

(1) Herr Sommer!
Ich möchte mich mit folgendem Anliegen an Sie (2):
Vor 14 Tagen habe ich mir von Ihrer Firma eine Lernmaske, Marke Mirka X3b7,
zum Preis von € 249,75 zuschicken (3). Von dem Gerät hatte ich durch eine An-
zeige in einer Zeitschrift (4). Ihren Angaben zufolge kann man mit diesem
Gerät mühelos Vokabeln lernen. Da ich in diesem Bereich große Schwierigkeiten
habe, (5) ich die Lernmaske für eine mögliche Lösung.
Aber trotz sachgerechter Anwendung der Lernmaske – ich habe mich genau an die
Gebrauchsanweisung gehalten – hatte ich keinen (6). Statt dessen bekam ich
Migräne und leide seither immer noch (7). Von (8) Vokabellernen kann also
keine Rede sein!
Laut Anzeige kann das Gerät bei Nichtgefallen innerhalb eines Monats (9), bei
gleichzeitiger Rückerstattung des Kaufpreises. Mein (10), die Angelegenheit
telefonisch zu erledigen, war bisher leider erfolglos.
Nach Rücksprache mit einem Rechtsanwalt möchte ich Sie nun erneut (11), mir
den Kaufpreis zurückzuerstatten. Andernfalls sehe ich mich (12), gerichtlich
gegen Sie vorzugehen.

In Erwartung Ihrer baldigen Antwort
verbleibe ich mit (13) Grüßen
```

Alice Wunder

Verben

abfahren auf (Akk),
    fuhr ab, ist abgefahren
sich ablenken von (Dat)
etw. ausprobieren
sich beklagen über (Akk)
jdn. belohnen für (Akk)
etw. besitzen
jdn. engagieren
etw. erfinden,
    erfand, erfunden
jdn. festnehmen,
    nahm fest, festgenommen
etw. finanzieren
jdn. integrieren
sich richten nach (Dat)
etw. spendieren
etw. sponsern
jdm. etw. stehlen,
    stahl, gestohlen
umgehen mit (Dat),
    ging um, ist umgegangen
etw. verankern
jdn. veranlassen zu (Dat)
sich verlassen auf (Akk),
    verließ, verlassen
sich wenden an (Akk),
    wandte, gewandt

Nomen

die Alarmanlage, -n
der/die Alleinerziehende, -n
die Ausgabe, -n
der Dauerauftrag, ¨e
das Diskussionsforum, -foren
das Druckmittel, -
die Einrichtung, -en
das Einzelkind, -er
die Fachzeitschrift, -en
die Fotoausrüstung
das Getränk, -e
das Gummiseil, -e
die Herausforderung, -en
der Kinderschutzbund
der Kommerz
der Konsument, -en
das Konsumverhalten
der Ladendieb, -e
der Ladendiebstahl, ¨e
das Lebensgefühl, -e
der Leistungssport
die Messe, -n

der Nachwuchs
die Sparsamkeit
der Stand, ¨e
der Trendsetter, -
der Trubel
das Umweltbewusstsein
die Umweltzerstörung
der Veranstalter, -
die Versicherung, -en
das Vorbild, -er
die Wand, ¨e
die Werbeagentur, -en
das Ziel, -e
die Zielgruppe, -n

Adjektive

absolut
aufregend
ausgesprochen*
bargeldlos
einigermaßen*
einkommensstark
gleichermaßen*
künstlich
radikal
reichlich
so genannt
überholt
übertrieben
unbeschwert

Ausdrücke

Bedenken haben/äußern gegen
einen Diebstahl begehen
sich etw. einfallen lassen
Geld überweisen
Hab und Gut
sich etw. leisten können
aus Not
etw. auf den Punkt bringen
kein Wunder, dass/wenn …
etw./es wundert mich
jdm. Schaden zufügen
ein Sparkassenbuch/Konto eröffnen

*wird nur als Adverb gebraucht

13 Ergänzen Sie ein passendes Verb.

1. Jedes Kind muss lernen, richtig mit dem Geld _____ .

2. Ein guter Freund ist jemand, auf den man sich absolut _____ kann.

3. Eine Hausaufgabenmaschine gibt es noch nicht. Die muss erst noch _____

   _____ .

4. Ich bin noch nie durch „halfpipes" gerast. Das sollte ich einmal _____ .

5. Junge Leute wollen sich nicht immer mit Problemen beschäftigen. Sie wollen sich lieber

   _____ .

6. Wenn du Informationen haben möchtest, musst du dich an die Dame am Info-Schalter

   _____ .

7. Es gibt schon Pläne zur Realisierung des Projekts, aber man weiß noch nicht, wie man es

   _____ kann.

14 Welche Nomen aus der Liste passen dazu?

Familie: _____

Freizeit: _____

Sport: _____

Geld: _____

Veranstaltung: _____

Ergänzen Sie noch andere Nomen, die dazu passen.

15 Was passt zusammen? Ordnen Sie zu und schreiben Sie fünf Sätze.

Beispiel: *Künstliche Blumen kommen immer mehr in Mode.*

einkommensstark   Blumen
bargeldlos   Kindheit
unbeschwert   Angebot
reichlich   Film
aufregend   Prinzipien
überholt   Zahlung
künstlich   Jugendlicher

16 Ergänzen Sie den richtigen Ausdruck.

1. Mit deiner klaren Formulierung hast du die Sache wirklich _____

   _____ .

2. Er hat durch seine Spielsucht _____ verloren.

3. Sie ist ein armer Mensch und hat wirklich _____ gestohlen.

4. Der Experte war nicht mit dem Projekt einverstanden und hat _____

   _____ .

5. So viel Geld habe ich nicht. So eine teure Urlaubsreise _____ .

6. Er macht nichts als Unsinn! _____ , dass alle über ihn lachen!

7. Das ist keine gute Idee. Du solltest dir wirklich etwas Besseres _____ !

Wie beurteilen Sie Ihren Lernerfolg?

**a) Was können Sie jetzt gut/schon besser als vorher?
Wo haben Sie noch große Probleme? Kreuzen Sie an.**

		gut	schon besser als vorher	Es gibt noch große Probleme.
Texte hören, lesen und verstehen	● mit Hilfe von voraus- oder zurückverweisenden Wörtern Fremdwörter in einem Text verstehen	☐	☐	☐
	● einen Hörtext verstehen, indem man Vorwissen aktiviert, das man zum Thema hat	☐	☐	☐
sprechen und schreiben	● über das Konsumverhalten von Jugendlichen sprechen	☐	☐	☐
	● ein Gespräch führen, dabei etw. vorschlagen, begründen und auf Einwände reagieren	☐	☐	☐
	● die Meinung eines Autors erkennen	☐	☐	☐
	● Werbeslogans formulieren	☐	☐	☐
	● anhand von Bildern einen Vortrag halten (dabei die Verhältnisse in der Heimat mit denen in Deutschland vergleichen)	☐	☐	☐
dabei vor allem	● den entsprechenden Wortschatz benutzen	☐	☐	☐
	● Verben, Nomen, Adjektive mit Präpositionen richtig verwenden	☐	☐	☐
	● irreale Vergleiche mit Hilfe des Konjunktivs II anstellen	☐	☐	☐
	● aus Verben/Adjektiven Nomen bilden und umgekehrt	☐	☐	☐
	● lange und kurze Vokale richtig aussprechen	☐	☐	☐

b) Ich weiß jetzt Folgendes über junge Leute in Deutschland und ihre Beziehungen:

_____

_____

_____

1 Indirekte Rede (Redewiedergabe) mit dem Konjunktiv

a) Unterstreichen Sie im Text „Millionen geborener Feinde" alle Formen der indirekten Rede und formen Sie sie in die direkte Rede um.

b) Formen Sie die direkte Rede im Text in indirekte Rede um.

2 Unterschiedliche Gehirne
Formen Sie die Sätze in die indirekte Rede um.
Beginnen Sie: Es heißt, .../Die Wissenschaftler erklärten, dass ...

Nach einem Kongress berichten Wissenschaftler über sensationelle Forschungsergebnisse:

– Frauen und Männer lieben nicht nur unterschiedlich, sondern haben auch unterschiedliche Gehirne.

– Frauen schneiden besser in Tests ab, die sprachliche Fähigkeiten erfordern.

– Männer dagegen tun sich eher durch mathematisch-räumliches Denken hervor.

– In einem Test wurden Versuchspersonen aufgefordert, sich in einen Kernspintomographen zu legen und künstliche Wörter ohne Sinn auszusprechen. Dabei stellte sich heraus, dass die meisten Frauen beide Gehirnhälften aktivierten, sämtliche Männer ausschließlich die linke.

– Diese und auch ältere Untersuchungen bestätigen, dass bei Männern nur die linke Hirnhälfte für die Sprache genutzt wird. Die rechte ist dagegen für die mathematischen und die räumlich-visuellen Fähigkeiten zuständig.

– Es scheint so zu sein: Die beiden Hemisphären des männlichen Gehirns sind stärker spezialisiert und arbeiten weniger intensiv zusammen, als das bei den Frauen der Fall ist.

3 a) Ordnen Sie die Ausdrücke im Kasten den drei Spalten zu.

Konjunktion	Präposition	adverbialer Ausdruck
solange	während	bis dahin

bevor ■ seitdem ■ während ■ währenddessen ■ bis dahin ■ nach ■ bei ■ vor ■ nachdem ■ vorher ■ da (temporal) ■ seit ■ als ■ danach ■ bis (zu) ■ wenn ■ solange ■ damals ■ nachher

b) Was Schüler über ihre Berufspläne sagen.
 Setzen Sie Ausdrücke aus der Tabelle ein.

Lars: _____ ich zurückdenken kann, möchte ich Kindergärtner werden, obwohl ich natürlich weiß, dass das für einen Mann ein ziemlich ungewöhnlicher Beruf ist.

Erich: _____ ich klein war, wollte ich Polizist werden. _____ hat mich die Uniform so beeindruckt. _____ ein paar Monaten spiele ich mit dem Gedanken, Berufsoffizier bei der Bundeswehr zu werden.

Alexandra: _____ ich mich für einen bestimmten Beruf entscheide, möchte ich _____ ein Jahr lang in verschiedenen Bereichen jobben. _____ kann ich nichts Endgültiges sagen.

Irina: _____ meinem Mathematikstudium möchte ich gern ein Semester lang reisen. _____ des Studiums oder auch _____ kann man sich das in der Regel nicht mehr leisten.

Henning: Vielleicht mache ich _____ dem Abitur eine kaufmännische Lehre in einem Reisebüro. Ich habe vor anderthalb Jahren in den Sommerferien mal in einem Reisebüro gearbeitet, und _____ interessiert mich dieses Gebiet.

Nicole: Ich möchte Atomphysikerin werden, schon _____ meiner Kindheit. Das war übrigens auch der Berufswunsch meiner Großmutter. Aber _____ meine Großmutter studieren wollte, haben es ihre Eltern nicht erlaubt. _____ waren natürlich noch andere Zeiten. Jetzt ist das kein Problem mehr.

Jan: Ich weiß noch nicht, was ich mache, _____ ich mit der Schule fertig bin. _____ habe ich ja fast noch ein Jahr Zeit. _____ kann ich's mir noch überlegen.

4 Formen Sie die Sätze um wie im Beispiel.

Bei Nebel fuhr das Schiff gewöhnlich nicht.
Wenn es Nebel gab, fuhr …
Es gab Nebel. Da fuhr …

1. Bis zum Sommer habe ich sicher fünf Kilo abgenommen.
2. Vor dem Rockkonzert wurde die Straße vor dem Stadion gesperrt.
3. Nach der Love-Parade war die gesamte Innenstadt voll mit Abfall.
4. Seit unserem Umzug in die Stadtmitte kann mein Vater zu Fuß zur Arbeit gehen.
5. Während des Vortrags schliefen mehrere Besucher ein.
6. Bei Regen findet das Fußballspiel nicht statt.
7. Beim Rückflug war der Himmel klar und wolkenlos.

5 Ergänzen Sie die Sätze sinngemäß.

1. Er kam nicht gut mit seinen Kollegen aus, nachdem …
2. Er fuhr los, bevor …
3. Ich kenne sie, seitdem …
4. Ich rufe dich sofort an, wenn …
5. Ich muss noch viel lernen, bis …
6. Ich habe nur Deutsch gesprochen, als …
7. Er machte die ganze Hausarbeit, während …
8. Sie wurden sofort benachrichtigt, nachdem …
9. Ich kann dir Geld leihen, sobald …

6 Wann ist/war das? – Interview mit Frau Dr. Neufund
Ordnen Sie den Fragen passende Antworten zu.
Ergänzen Sie, wenn nötig, *an/am* oder *in/im*.

1. Wann sind Sie geboren?

2. In welchem Jahr?

3. Wissen Sie auch den Tag?

4. Sie sind ja als Dozentin an der Universität tätig.
   Wann arbeiten Sie dort?

5. Und wann gedenken Sie, der Öffentlichkeit Ihre
   neueste Erfindung, die Hausaufgabenmaschine,
   zu präsentieren?

6. Wann arbeiten Sie gewöhnlich an Ihrer neuen Erfindung?

7. Ruhen Sie sich eigentlich auch mal aus?

8. Wann haben Sie sich das letzte Mal so richtig amüsiert?

9. Hatten Sie eigentlich schon mal Schwierigkeiten
   mit Ihren männlichen Kollegen?

10. Wann machen Sie Urlaub?

11. Vielen Dank für das Interview. Wann sehen wir uns wieder?

☐ Nur _____ Vormittag, von acht bis eins.

☐ _____ 31. Dezember.

☐ Ich hoffe, noch _____ diesem Jahr.

☐ _____ 1963.

☐ Nur _____ der Nacht, tagsüber habe ich
   ja auch andere Verpflichtungen.

☐ Das war, glaube ich, _____ meinem Geburtstag.

☐ Nur _____ Anfang. Das hat sich allerdings
   schnell erledigt.

☐ Natürlich, immer _____ Wochenende.

☐ Vielleicht _____ nächsten Jahr. Wer weiß?

☐ _____ einem Montag.

☐ Am liebsten _____ Herbst. Da ist es
   nicht mehr so heiß.

7 Ergänzen Sie *von ... an/von ... auf, von ... bis, von ... aus*

1. _____ klein _____ werden Mädchen benachteiligt.

2. _____ deinem Büro _____ hat man einen herrlichen Blick auf die ganze Stadt.

3. _____ jetzt _____ sollten Männer und Frauen gleich behandelt werden.

4. Ich habe ihm _____ Anfang _____ nicht geglaubt.

5. _____ Stuttgart _____ München sind es rund 220 Kilometer.

6. _____ mir _____ können wir auf Teneriffa Urlaub machen.

7. _____ klein _____ wollte er Astronaut werden.

8. _____ heute _____ nächsten Dienstag arbeite ich an diesem Projekt.

9. _____ dem ersten _____ zum vierten Studienjahr sind die Studenten im alten Gebäude
   untergebracht.

8

Adjektive und Adverbien
Bilden Sie Sätze wie im Beispiel und tragen Sie Adjektive und dazugehörige Adverbien in die Tabelle ein.

Beispiel: die monatliche Zahlung der Miete – *Die Miete wird monatlich/jeden Monat bezahlt.*

1. das gestrige Erlebnis auf dem Flohmarkt
2. der tägliche Gang zum Markt
3. eine plötzliche Erkrankung
4. ein baldiges Wiedersehen
5. die sofortige Operation des Unfallverletzten

6. die nächtliche Ruhestörung
7. die häufigen Wiederholungen
8. der morgige Unterrichtsbeginn
9. seine anfängliche Unfreundlichkeit
10. der abendliche Spaziergang

Adjektiv	Adverb/temporale Angabe
monatlich	monatlich/jeden Monat

9

In Schule und Beruf werden Mädchen und Frauen auch heute noch oft diskriminiert.
Wo kann das geschehen?
Ergänzen Sie Präpositionen und Artikel.

_____ Wirtschaft, _____ akademischen Berufen, _____

Kindergarten, _____ Hochschule, _____ vielen Universitäten, _____

Uni-Hierarchie, _____ Ingenieurfächern, _____ Hochschul-Milieu,

_____ Naturwissenschaften, _____ anderen Forschungsbereichen,

_____ Wissenschaftsbetrieb, _____ anderen Ländern.

10

Ganz cool bleiben
a) Ergänzen Sie die fehlenden Verben im Präteritum.

Es fing damit an, dass ich _____ ein Date auszumachen, denn irgendwann muss frau ja

mal anfangen, sich mit Jungs zu verabreden. Ich _____ mich für Moritz, weil ich bei

dem sicher _____, dass er auf mich steht. Also _____ ich so cool

wie möglich zu ihm und _____: „Hi, wie geht's denn? Hast du Lust, am Samstag mit

ins Freibad zu gehen?" Erst mal _____ er so, als ob er lange überlegen müsste. Dann

_____ er zögernd _____. „Holst du mich ab?"

Ich _____, denn meine Mutter _____ mich immer daran,

dass man einen Jungen keinesfalls allein irgendwohin gehen lassen sollte.

anfangen ■ beschließen ■ entscheiden ■ erinnern ■ gehen ■ nicken ■ sagen ■ sein ■ tun
■ zustimmen

Auf dem Weg zum Freibad _____ wir uns über alles Mögliche. Ich meine, ich bin vielleicht nicht die größte Entertainerin, aber dass er vor jedem Schaufenster _____, _____ die Sache bestimmt nicht leichter. Als ich ihm gerade _____, wie mein Traum-Motorrad einmal aussehen muss, _____ er mich und _____: „Guck mal, der Pullover da! Ist der nicht süß?" und _____ auf so einen rosa Lappen im Schaufenster. Als ich noch mit der Antwort _____, _____ wir am Freibad _____. Da _____ sie schon alle, die Mädchen aus meiner Klasse, und _____: „He, wer kommt denn da? Kann ich mir den mal ausleihen?" Voll peinlich. Also, wenn Mädchen auf einem Haufen zusammen sind, ist echt alles aus. Diese ewige Anmache, dann ist wirklich jede die Größte. Moritz _____ das wohl auch. Jetzt _____ er mich am Ende auch für so eine, die jeden Typ anmacht. Das _____ ich wieder irgendwie in Ordnung bringen.

> ankommen ■ erklären ■ finden ■ grinsen ■ halten ■ kämpfen ■ machen ■ müssen ■ rufen
> ■ stehen ■ stehen bleiben ■ unterbrechen ■ unterhalten ■ zeigen

Ich _____ also einen Platz, möglichst weit weg von den Mädels. Als ich _____, ob er mit mir ins Wasser gehen _____, _____ er nur den Kopf. Also _____ ich alleine _____. Der Typ _____ sich bloß nichts einbilden – jetzt _____ Coolness angesagt, dann _____ dieses zickige Getue schnell ein Ende. Ich _____ also ein paar Runden und _____ dann auf den 5-Meter-Turm. Das _____ immer. Ob Moritz mir _____, _____ ich leider nicht. Irgendwie _____ ich ihn in der Menschenmenge nicht. Als ich wieder zu unserem Platz _____, _____ nur noch meine Turnschuhe einsam herum.

> finden ■ fragen ■ haben ■ losziehen ■ schütteln ■ schwimmen ■ sehen ■ sein ■ sollen ■
> stehen ■ steigen ■ suchen ■ wirken ■ wollen ■ zurückkommen ■ zuschauen

b) Wie geht die Geschichte wohl weiter? Schreiben Sie Fortsetzung und Schluss.

Wortbildung
Analysieren Sie die Komposita.

Beispiele: Selbstvertrauen: *Vertrauen zu sich selbst*
Unterrichtsmaterialien: *Materialien, die im Unterricht eingesetzt werden*

1. Harmoniestreben
2. Lippenstift
3. Forschungsinstitut
4. Textverständnis
5. Sprachkenntnisse
6. Preisverleihung
7. Hochschulpersonal
8. Ostküste
9. Studienbeginn
10. Hausarbeit
11. Hausfrauendasein
12. Rollentausch
13. Mittagessen

12 **Bilden Sie Komposita.**

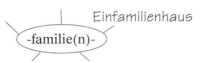

13 Helene Lange

a) Lesen Sie die Biografie über Helene Lange und unterstreichen Sie in jedem Abschnitt bis zu fünf Schlüsselbegriffe.

Helene Lange

Die Lehrerin und Feministin kämpfte ihr Leben lang für das Recht von Mädchen und Frauen auf Bildung

Ende des 19. Jahrhunderts sind die Bildungschancen für Mädchen miserabel. Eigentlich gibt es in jener Zeit nur einen
5 Grund, Mädchen den Schulbesuch zu gestatten: Der deutsche Mann soll „nicht durch die geistige Kurzsichtigkeit und Engherzigkeit seiner Frau an dem häusli-
10 chen Herde gelangweilt und in seiner Hingabe an höhere Interessen gelähmt" werden, heißt es in einer Denkschrift der Mädchenschulpädagogen aus dem Jahr
15 1872.
Helene Lange hat Glück: Geboren am 9. April 1848 in Oldenburg, wächst sie in einem liberalen Elternhaus auf. „Wir durften wir
20 selbst sein und wir selbst werden", schreibt sie in ihren „Lebenserinnerungen". Und doch bemerkt sie

schon früh, dass Mädchen und Jungen unterschiedlich behandelt
25 werden. Während die Brüder im Garten spielen, muss sie im Haus auf das Baby aufpassen. „Es war

so ein dumpfes erstes Gefühl von ‚der Frauen Zustand ist bekla-
30 genswert'."
Helene will die gleichen Rechte wie ihre Brüder, und vor allem: Sie will lernen. Das intelligente Mädchen saugt alles Wissen in
35 sich auf. Doch als Helene 16 Jahre alt ist, endet ihre sorglose Kindheit: Nachdem sie ihre Mutter bereits mit sieben Jahren verloren hatte, stirbt 1864 auch ihr Vater.
40 Die Vollwaise verlässt die Schule und zieht für das damals übliche „Pensionsjahr" in ein schwäbisches Pfarrhaus nach Eningen bei Reutlingen. Hier macht das junge
45 Mädchen eine völlig neue Erfahrung: Frauen werden bei Unterhaltungen ausgeschlossen, ihre Meinung ist nicht gefragt. Das scheint niemanden zu stören, die
50 Frauen ordnen sich ohne Widerspruch unter. Bis auf Helene. Doch ihre Kritik nimmt man nicht ernst: „Man lachte wohl herzlich, wenn ich bei Gelegenheit empört
55 sagte: ‚Tante, warum lasst ihr euch

das nur gefallen', spottete gut-
mütig, wenn ich von der Möglichkeit sprach, dass auch den Frauen
die Universitäten sich einmal er-
60 schließen würden."
Aber Helene lässt sich nicht be-
irren: 1871 wird sie volljährig und
zieht nach Berlin, um Lehrerin zu
werden. Sie hat ein wenig Geld
65 geerbt, außerdem gibt sie Privat-
stunden. Nachdem sie 1872 ihre
Prüfungen am Lehrerinnensemi-
nar auf Anhieb besteht, kann sie
endlich unterrichten.
70 Schnell stellt sie fest, dass das Niveau der Mädchenschulen er-
schreckend ist. Die schlecht aus-
gebildeten Lehrerinnen werden
vom Verein für das höhere
75 Mädchenschulwesen kategorisch
abgelehnt. Helene will das nicht
hinnehmen. In Petitionen, damals
das einzige, oft wenig wirkungs-
volle Kampfmittel, fordert sie von
80 der Regierung mehr und besser
ausgebildete Lehrerinnen. 1873
verfasst sie die „Gelbe Broschüre":
Diese Denkschrift, die einer Petiti-
on an das Kultusministerium bei-
85 gelegt wird, macht Helene Lange

berühmt. Intelligent und logisch,
aber auch mit Witz und Ironie
weist Helene darin den Männern
ihre Schwächen nach. Denn, so
90 schreibt sie in ihren Memoiren:
„Es ist ein Stück naiver, männ-
licher Eitelkeit, ihre Welt für die
beste der Welten, für die einzig
mögliche Welt zu halten."
95 1890 gründet Helene Lange den
Allgemeinen Deutschen Lehrerin-
nenverein, dessen Vorsitzende sie
31 Jahre lang bleibt. Ein Jahr
zuvor, 1889, hat sie einen ent-
100 scheidenden Schritt gemacht: Sie
bietet die ersten privaten Realschulkurse für Frauen an. Auf dem
Stundenplan: Mathematik und
Naturwissenschaften, Latein, Ge-
105 schichte und Nationalökonomie
sowie Deutsch, Französisch und
Englisch. Nach drei Jahren wan-
delt Helene die Realkurse in Gym-
nasialkurse um. 1896 ist es soweit:
110 Die ersten sechs Frauen, die sie
selbst unterrichtet hat, bestehen in
Berlin vor einer staatlichen Prü-
fungskommission das Abitur.
Gegen Ende der Neunzigerjahre
115 macht eine schwere Augenerkran-

kung Helenes Engagement bei-
nahe ein Ende. Doch da lernt sie
Gertrud Bäumer kennen, die für
sie Assistentin, Mitkämpferin und
120 Freundin wird. Helene kann ihre
Arbeit fortsetzen. Sie ist – trotz
schwerer Krankheit – glücklich:
„Ich sah die Nachfolge gesichert."
Persönliches gibt Helene Lange
125 nie preis: „Mein eigentliches Pri-
vatleben bleibt als unerheblich
außer Betracht." Sie heiratet nie,
lebt stattdessen viele Jahre mit
Dora Sommer zusammen, später
130 mit Gertrud Bäumer. 1928 ehrt die
preußische Regierung sie für Ver-
dienste um den Staat mit einer
Medaille. Als Helene Lange 1930
stirbt, kommen zu ihrer Beerdi-
135 gung auch zwei Minister, und auf
ihrem Sarg liegt wunschgemäß die
schwarz-rot-goldene Fahne: Ihren
Kampf verstand sie immer auch
als Dienst am Vaterland – einem
140 Vaterland, dessen Männer sie
nicht sonderlich schätzte, Helene
Langes Bilanz: „Verlasst euch
nicht auf die Männer, sie können
euch nicht helfen."

b) Geben Sie mit Hilfe der Schlüsselbegriffe den Textinhalt kurz wieder.

**c) Lesen Sie die Textzusammenfassung und überlegen Sie zuerst, was für ein Wort jeweils in die Lücke
passen könnte (Adjektiv, Verb, Jahreszahl usw.). Ergänzen Sie dann sinngemäß.
Wenn Sie unsicher sind, lesen Sie noch einmal im Originaltext nach und unterstreichen Sie die entsprechende Textstelle.**

Als Helene Lange 1848 in Oldenburg geboren wird, steht es schlecht um die (1) für Mädchen. Von klein
an hat Helene zwei Dinge im Sinn: Sie möchte die gleichen Rechte wie ihre Brüder, und sie ist
lernbegierig. (2) und im Besitz eines kleinen Vermögens zieht sie nach Berlin, wo sie (3) die Abschluss-
prüfung am (4) besteht und als Lehrerin zu arbeiten beginnt.
Schockiert vom niedrigen (5) der Mädchenschulen, fordert Helene Lange in (6) mehr und besser
ausgebildete Lehrerinnen. 1889 bietet sie selbst die ersten privaten Realschulkurse, später (7) für
Frauen an. Zu den Unterrichtsfächern gehören außer Sprachen auch Mathematik und
Naturwissenschaften. 1896 legen die ersten sechs Frauen mit Erfolg die Abiturprüfung ab.
Wegen einer (8) zieht sie sich Ende der Neunzigerjahre vom aktiven Geschehen zurück.
Gertrud Bäumer, (9) und Lebensgefährtin, führt ihr Werk weiter. Helene Lange stirbt 1930.
Bei ihrer (10) erweisen ihr auch zwei Minister der preußischen Regierung die letzte Ehre.

1. _____
2. _____
3. _____
4. _____
5. _____

6. _____
7. _____
8. _____
9. _____
10. _____

14 Training zum Schriftlichen Ausdruck: Mit Vorangegangenem verknüpfen

Formen Sie die Sätze möglichst so um, dass sie inhaltlich gut an die Informationen des vorangegangenen Satzes anschließen. (Das ist nicht immer notwendig.)

Beispiel:
Sie verdanken der Tatsache, dass sie in die Städtische Hauptschule gehen, eine außergewöhnliche Erfahrung: ein zusätzliches Praktikum mit vertauschten Rollen.
Dieser Tatsache verdanken sie eine außergewöhnliche Erfahrung: ...

Rollentausch beim Kontaktikum

Sandra, Suzanna, Christian und Michael gehen in die Städtische Hauptschule in Mühlheim-Speldorf. Sie verdanken der Tatsache, dass sie in die Städtische Hauptschule gehen, eine außergewöhnliche Erfahrung: ein zusätzliches berufliches Praktikum mit vertauschten Rollen. Die Mädchen absolvieren dieses so genannte Kontaktikum im gewerblich-technischen Bereich. Die Jungen absolvieren es im sozialen Bereich. Keiner kann sich vor dem Kontaktikum drücken. Auch die Lehrer können sich nicht drücken. Die Lehrerinnen gehen mit den Mädchen in die Werkstatt, die Lehrer gehen mit den Jungen ins Altersheim, sechs Wochen lang je einen Tag.

Ein Schüler oder eine Schülerin darf natürlich dann aussteigen, wenn er/sie mit der ungewohnten Rolle echte Schwierigkeiten hat. Das ist in den sieben Jahren noch nicht vorgekommen. Das Kontaktikum-Team, das aus drei Lehrern und einem Berufsberater besteht, ist sehr stolz.

15 Schriftlicher Ausdruck – Referat: Schlaue Mädchen

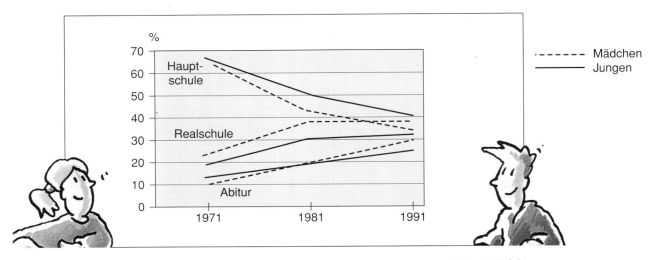

Schlaue Mädchen
Von den Schulabgängerinnen hatten 1991 28,6% die Hoch- und Fachhochschulreife (1971: 10,2%), bei den Jungen waren es nur 25,8% (1971: 13,6%). Mädchen haben heute öfter mittlere Reife (37,7%) und besuchen seltener die Hauptschule (33,8%) als Jungen (32,2%/42,0%).

Sehen Sie sich die Grafik an.
Arbeiten Sie schriftlich ein Referat über den Ausbildungsstand der Mädchen aus und vergleichen Sie ihn mit dem der Jungen. Gehen Sie dabei auf folgende Punkte ein:

– Was sich generell geändert hat.
– Welche Informationen aus der Grafik Sie besonders interessant finden.
– Welche Folgen diese Tatsachen mit sich bringen.
– Welche Schwierigkeiten kluge Mädchen und Frauen noch immer haben.
– Welche Beobachtungen Sie in Bezug auf dieses Thema in Ihrer Heimat gemacht haben.

Achten Sie darauf, dass die einzelnen Sätze und Abschnitte gut aneinander anschließen. Die Gliederung und die Redemittel unten helfen Ihnen.
Schreiben Sie etwa 220–250 Wörter.

Anrede:
Liebe Mitschülerinnen und Mitschüler!

Sehr verehrte Damen und Herren!

Liebe Freunde!

Einleitung:
Zuerst möchte ich Ihnen danken, dass Sie so zahlreich erschienen sind.
Ich möchte mich heute mit dem Thema ... auseinandersetzen/beschäftigen.

Hauptteil:
– Die vorliegende Grafik zeigt/In der ... Grafik geht es um ...

– Beeindruckend daran finde ich vor allem/Ich finde die Tatsache, dass ..., besonders interessant.

– Das dürfte/wird wohl zur Folge haben, dass ...

– Es fällt immer wieder auf, dass/Leider gilt immer noch, dass ...

– (Auch) In ... (dagegen) ...

Schluss:
Ich bedanke mich für eure/Ihre Aufmerksamkeit und wünsche euch/Ihnen noch einen schönen Tag/Abend

Für eure/Ihre Aufmerksamkeit herzlichen Dank.

Wie Sie alle wissen, spielt ... eine wichtige Rolle.

Ich möchte besonders betonen, dass ...

Man kann also sagen, ...

Man kann dies an einem Beispiel deutlich machen.

Zusammenfassend kann man sagen ...

Verben

etw. abschaffen
jdn. abschrecken
sich anstrengen
etw. aufgeben,
    gab auf, aufgegeben
etw./jdn. ausnutzen
jdn. aussieben
jdn. auszeichnen für (Akk)
sich befassen mit (Dat)
jdn. behandeln
etw. betreten,
    betrat, betreten
jdn. diskriminieren
sich durchsetzen
etw. erwerben,
    erwarb, erworben
jdn. erziehen zu (Dat),
    erzog, erzogen
jdn. fördern
gelingen,
    gelang, ist gelungen
jdn. hindern an (Dat)
etw. konservieren
rebellieren gegen (Akk)
resignieren
sich jdm. unterordnen
etw. vermissen
sich weigern
etw. wiederherstellen
jdn. zulassen,
    ließ zu, zugelassen

Nomen

der Anteil, -e
die Atomspaltung
die Attraktivität
die Auslese
die Diskriminierung, -en
die Doppelbelastung
der Dozent, -en
das Familienmitglied, -er
die Feministin, -nen
das Gebiet, -e
die Gedankenlosigkeit
das Gehirn, -e
die Gleichberechtigung
die Habilitation
das Hausfrauendasein
der Hörsaal, -säle
der Individualismus
das Jahrhundertwerk, -e
die Kernforschung
der Konkurrenzkampf, ̈-e
das Missverhältnis, -se
das Niveau
die Promotion
das Recht auf (Akk)

das Rollenklischee, -s
die Rollenverteilung
der Ruhm
die Schlampigkeit
das Streben nach (Dat)
die Tiefkühlkost
die Überheblichkeit
Unterrichtsmaterialien (Pl.)
das Vorurteil, -e
der Wissenschaftsbetrieb
die Zurücksetzung

Adjektive und Adverbien

abstrakt
akademisch
ausschließlich
begabt
beteiligt an (Dat)
fähig zu (Dat)
frauenfeindlich
gerüstet
hergebracht
koedukativ
maßgeblich
naturwissenschaftlich
subtil
taktlos
überwiegend
üblich
vergnügt
vertreten
vorhanden
weltweit
zeitgenössisch
zwischenmenschlich

Ausdrücke

(nicht) gut auskommen mit (Dat)
eine Prüfung bestehen
Experimente/Untersuchungen
    durchführen
das führt zu nichts
Fuß fassen in (Dat)
sich etw. (nicht) gefallen lassen
mit gutem Gewissen
zu kurz kommen bei (Dat)
einen Lehrstuhl bekommen/haben
mehr oder minder/weniger
in der Minderheit sein
eine Professur bekommen
die Rollen tauschen
einer Sache im Wege stehen
Sprachkenntnisse auffrischen
sich überfordert fühlen
verschont bleiben von (Dat)
(eine) Vorlesung halten
(nicht) gut zurechtkommen mit (Dat)

16 **Formen Sie den Satz um und verwenden Sie dazu Verben aus dem Kasten (4 bleiben übrig).**

Beispiel:
Es wird einem Studienbewerber erlaubt, an der Uni zu studieren.
Der Bewerber wird zum Studium zugelassen.

1. In diesen Raum darf man nicht hineingehen.

   _____

2. Du solltest endlich mit dem Rauchen aufhören.

   _____

3. Man lehnt es ab, eine Arbeit zu machen.

   _____

4. Eine Person wird schlechter behandelt als andere.

   _____

5. Ich habe das Experiment erfolgreich durchgeführt.

   _____

6. Ihr könntet euch schon etwas größere Mühe geben.

   _____

7. Für ihre selbstlose Tätigkeit bekam sie das Bundesverdienstkreuz.

   _____

sich anstrengen   ausnutzen   erwerben   betreten   vermissen   erziehen
aufgeben   auszeichnen   zulassen   sich weigern   gelingen   diskriminieren

17 **Erklären Sie die folgenden Verben mit Ihren eigenen Worten und schreiben Sie je einen Satz damit.**

jdn. fördern: *jemandem dabei helfen vorwärtszukommen*

1. jdn. hindern: 3. etw. vermissen: 5. rebellieren:
2. etw. abschaffen: 4. etw. betreten: 6. sich durchsetzen:

18 **Ordnen Sie den folgenden Begriffen Nomen zu (aus der Wortliste und frei).**

Eigenschaft/ Verhaltensweise	Familie/ Haus	Erfolg/ Misserfolg	Lehrpersonal an der Uni	Wissenschaft/ Forschung
Überheblichkeit	Hausfrauendasein			

19 Ordnen Sie Nomen und Adjektive einander zu und bilden Sie mindestens fünf Sätze.

weltweit   Naturwissenschaftler
abstrakt   Beleidigung
frauenfeindlich   Bemerkung
akademisch   Diskriminierung
begabt   Gleichberechtigung
taktlos   Wissenschaftlerinnen
subtil   Denken

20 Was hat ungefähr die gleiche Bedeutung?
Schreiben Sie die Sätze um und benutzen Sie Ausdrücke aus der Wortliste.

1. Das wird keinen Erfolg haben.
2. Man hat uns nicht genug davon gegeben.
3. Er glaubt, er schafft das nicht.
4. Das behindert deine Karriere.
5. Akzeptierst du ihre Überlegenheit?

6. Er hat die Prüfung mit Erfolg abgelegt.
7. Sie praktizieren nicht das konventionelle Rollenverhalten.
8. Er hat ein gutes Verhältnis zu seinen Großeltern.

Wie beurteilen Sie Ihren Lernerfolg?

a) Was können Sie jetzt gut/schon besser als vorher?
Wo haben Sie noch große Probleme? Kreuzen Sie an.

		gut	schon besser als vorher	Es gibt noch große Probleme.
Texte hören, lesen und verstehen	• in einem schwierigen Text Einzelheiten verstehen	☐	☐	☐
	• Schlüsselwörter im Text identifizieren	☐	☐	☐
	• Komposita verstehen	☐	☐	☐
	• Fremdwörter verstehen	☐	☐	☐
sprechen und verstehen	• über die Gleichberechtigung von Mann und Frau sprechen	☐	☐	☐
	• Rollenverhalten beschreiben und analysieren	☐	☐	☐
	• Pro- und Contra-Argumente zu einem Thema sammeln (dabei konzessive Angaben benutzen)	☐	☐	☐
	• einen Text zusammenfassen	☐	☐	☐
	• ein Referat schreiben bzw. halten	☐	☐	☐
	• anhand von Bildern über ein Thema sprechen	☐	☐	☐
dabei vor allem	• den entsprechenden Wortschatz benutzen	☐	☐	☐
	• temporale Angaben (Konjunktionen, Präpositionen, Adverbien) verwenden	☐	☐	☐
	• mit Hilfe von Pronominaladverbien Sätze miteinander verknüpfen	☐	☐	☐
	• Nominalisierungen in Sätze umformen	☐	☐	☐
	• einen Text in die indirekte Rede (Konjunktiv I + II) umformen	☐	☐	☐
	• Verben im Präteritum richtig verwenden	☐	☐	☐

b) Ich weiß jetzt Folgendes über Gleichberechtigung und über das Rollenverhalten von Mann und Frau in Deutschland:

_____

_____

1   **Was passt zusammen? Ordnen Sie zu.**

1. Warum lehnt ihr … ab?
2. Die Regierung befürchtet
3. Die Kundin verlangt
4. Er hofft
5. Fast hätte ich … vergessen.
6. Jetzt fange ich … an.
7. Man plant schon lange
8. Ich kann dir leider … versprechen.
9. Sie drohte
10. Dann verzichte ich eben
11. Kann ich mich … verlassen?
12. Sie gewöhnt sich nur langsam
13. Hör endlich auf

auf ein Happyend.
das Geschenk für meinen Freund …
die sofortige Rückzahlung des Reisegeldes.
mit dem Geschrei.
mit der Arbeit …
keine ewige Liebe …
auf deine Hilfe …
eine Eskalation der Gewalt.
an das Leben in der Stadt.
mit ihrem Rechtsanwalt.
auf den Kinobesuch.
den Ausstieg aus der Atomenergie.
ein Treffen mit der anderen Gruppe …

2   **Formen Sie die Sätze aus Übung 1 wenn möglich in Infinitivsätze um, andernfalls in dass-Sätze.**

es steht für den folgenden Infinitiv- oder dass-Satz. In diesem Fall muss ein Komma stehen.

Beispiele: *Warum lehnt ihr es ab, euch mit der anderen Truppe zu treffen?*
Die Regierung befürchtet, dass die Gewalt eskaliert.

Ergänzen Sie die Regel.
Man kann einen Infinitivsatz bilden, wenn der zweite Satz _____
hat wie der erste Satz.

3   **Ergänzen Sie die folgenden Sätze. Achten Sie auf das Komma.**

1. Es macht Spaß, *in der Disko neue Leute kennen zu lernen.*
2. Viele haben Angst davor, …
3. Ich habe keine Geduld, …
4. Es freut mich, …
5. Es ist unmöglich, …
6. Es ist mir gelungen, …
7. Es ist verboten, …
8. Es ist zu gefährlich, …
9. Es ist wirklich angenehm, …
10. Er hat die Frechheit, …

4   **Bilden Sie Sätze mit den Verben *brauchen* und *scheinen*.**

Beispiele: Du *brauchst nur* den Zettel aus*zu*füllen. (Sonst ist nichts notwendig, nur das.)
Ihr *braucht* die Übung *nicht* schriftlich *zu* machen. (Es ist nicht notwendig.)
Er *scheint* traurig zu sein. (Es sieht so aus.)

1. Es sieht so aus, als ob deine Mannschaft heute gewinnt.
2. Es ist nicht notwendig, dass du den Mietwagen sauber machst, bevor du ihn zurückbringst.
3. Ruf einfach im Hotel an und lass dir ein Zimmer mit Balkon reservieren. Das genügt.
4. Wahrscheinlich ist er total übermüdet. So sieht er jedenfalls aus.
5. Es ist nicht notwendig, dass du die ganze Summe sofort bezahlst. Eine Anzahlung genügt.
6. Du spielst aber gut Klavier. Du hast wohl Talent dazu.
7. Bei Linienflügen ist es nicht notwendig, zwei Stunden vor Abflug am Flughafen zu sein. Eine Stunde vorher genügt.
8. Es ist ganz einfach. Du drückst auf den Knopf, dann läuft die Maschine.

5 Bilden Sie, wenn möglich, Infinitivsätze, andernfalls dass-Sätze.
In welchen Fällen kann – trotz verschiedener Subjekte – ein Infinitiv-Satz stehen?

Beispiel:
Kein Alkohol vor dem Autofahren! Ich warne dich davor.
Ich warne dich davor, vor dem Autofahren Alkohol zu trinken.

1. Du solltest mal in dieses Fitness-Studio gehen. Ich rate es dir.
2. Mein Freund hat die Prüfung bestanden. Ich freue mich wahnsinnig darüber.
3. Du hast einen neuen Haarschnitt. Ich habe es sofort bemerkt.
4. Ich werde es schaffen. Ich weiß es.
5. Du bist krank. Ich sehe es.
6. Hilf mir! Ich bitte dich darum.
7. Du hast nichts gegessen. Ich wundere mich darüber.
8. Mein Freund liebt mich. Er sagt es mir oft.
9. Meine Freundin geht nicht in die Disko. Ihre Eltern haben es ihr nicht erlaubt.
10. Wir können Tischtennis spielen. Ich schlage es vor.

6 Gleichzeitig oder vorzeitig?

Ergänzen Sie die Sätze.
Achten Sie darauf, ob die beiden Vorgänge gleichzeitig sind oder einer vorzeitig ist.

Gleichzeitigkeit
Meine Freundin behauptet, Dieter nicht zu kennen.

Vorzeitigkeit
Meine Freundin behauptet, Dieter nie gekannt zu haben.

1. „Ich habe nur drei Flaschen Wein getrunken."
   Der Mann gibt zu, ...
2. „Ich kann dir das Gerät erklären."
   Er ist bereit, ...
3. „Leider haben wir uns erst jetzt kennen gelernt."
   Die beiden bedauern es, ...
4. „Diesen Mann habe ich schon einmal irgendwo gesehen."
   Mein Großvater erinnert sich, ...
5. „Wir haben Sie zu spät informiert."
   Es tut uns Leid, ...
6. „Wie schön, dass ich Sie endlich kennen lerne."
   Sie freut sich, ...
7. „Wir rauchen doch gar nicht!"
   Die Schüler behaupten, ...
8. „Ich hoffe, ich habe Ihnen in meinem Vortrag neue Informationen gegeben."
   Er hofft, ...
9. „Es war ein Fehler, dass wir diese Wohnung gekauft haben."
   Meine Eltern bereuen es, ...

7 Infinitiv ohne *zu*
Formen Sie die unterstrichenen Satzteile um und verwenden Sie dabei *lassen, gehen, hören, sehen, (liegen) bleiben, lernen* oder ein Modalverb.

1. Hoffentlich ist er in der Lage, das Auto selbst zu reparieren.
2. Meine Eltern erlauben mir, jeden Abend in die Disko zu gehen.
3. Meist höre ich es, wenn der Briefträger kommt, aber heute war es anders.
4. Jeder hat mal den Wunsch auszuflippen.

5. In deinem Haus hört man sogar, <u>wenn</u> der Nachbar hustet.
6. <u>Ich sage dem Friseur, er soll</u> mir die Haare ganz kurz schneiden.
7. Sag mir Bescheid, wenn du <u>siehst, dass</u> der Elektriker kommt.
8. Normalerweise <u>ist jeder Bürger verpflichtet,</u> an den Wahlen teilzunehmen.
9. Mein kleiner Bruder hat Angst vor dem tiefen Wasser und <u>macht deshalb jetzt einen Schwimmkurs.</u>
10. Ich fühle mich noch so schwach, dass ich <u>gar nicht aufstehen</u> möchte.
11. Komm, <u>gehen wir</u> in die Stadt und <u>kaufen ein.</u>

8 Verbinden Sie die Sätze mit *um … zu, ohne … zu/dass, statt … zu/dass.*

Beispiel: Junge Leute besuchen oft Sommerkurse im Ausland. Sie wollen die Sprache besser lernen.
Junge Leute besuchen oft Sommerkurse im Ausland, um die Sprache besser zu lernen.

1. Kinder können eine Sprache lernen. Sie beherrschen die Regeln der Grammatik meist nicht.
2. Erwachsene sind gehemmter und machen sich viele Gedanken. Sie sollten auch mal einfach drauflos sprechen.
3. Notizen machen ist eine große Hilfe. So kann man eine Sprache leichter lernen.
4. Kinder können gleichzeitig zwei Sprachen lernen. Ihre sprachliche und geistige Entwicklung leidet nicht darunter.
5. Früher lernte man Sprachen, weil man Klassiker übersetzen wollte.
6. Man übersetzte sehr viel, aber freies Sprechen übte man nicht.
7. Es ist interessanter, wenn man eine Sprache im Land selbst lernt und nicht im Unterricht nachgestellte Situationen spielen muss.
8. Es ist schwierig, eine Fremdsprache zu lernen, wenn man seine Muttersprache noch nicht richtig kann.

> Er tut alles, um mich zu ärgern.
> mit *um*: Finalsatz (Frage: wozu?)
> Ich habe keine Zeit mehr, die Arbeit zu Ende zu machen.
> ohne *um*: Infinitivsatz

9 Mit oder ohne *um*?

1. Ich gehe jede Woche zweimal in die Volkshochschule, _____ Japanisch zu lernen.

2. Es muss nicht unbedingt teuer sein, _____ sich gut zu amüsieren.

3. Nicht jeder hat die Fähigkeit, _____ Witze gut zu erzählen.

4. Du solltest wirklich mehr arbeiten, _____ die Prüfung zu bestehen.

5. Wer hat schon genug Geld, _____ sich all diese teuren Dinge kaufen zu können?

6. Besteht die Möglichkeit, _____ telefonisch ein Auto zu mieten?

7. Bist du bereit, _____ zwei Stunden zu Fuß zu gehen?

8. Ich würde alles tun, _____ dich glücklich zu machen.

9. Er gibt so maßlos an, _____ Eindruck auf dich zu machen.

10. Ich habe keine Lust mehr, _____ ins Kino zu gehen.

10   Feriensprachprogramme

Dimitris Kapakian aus Zypern interessiert sich für einen Feriensprachkurs in München. Er ist sich noch nicht sicher, ob er einen Ferienkurs am Goethe-Institut oder in der Sprachschule SENTER belegen soll. Aus diesem Grund schreibt er zwei Briefe, in denen er um nähere Informationen bittet: einen an seine deutsche Freundin Simone, in dem er sie um Informationen über den Sprachkurs am Goethe-Institut bittet, und einen zweiten an die Sprachschule SENTER.

a) Ergänzen Sie die Lücken des formellen Briefs (pro Lücke 1–2 Wörter). Die Informationen des persönlichen Briefs helfen Ihnen dabei.

Liebe Simone,

ich hoffe, es geht euch allen gut. Mir geht's prima, allerdings denke ich in letzter Zeit immer öfter darüber nach, was ich nach der Schule machen soll. Wie du weißt, habe ich noch zwei Jahre, dann bin ich mit dem Gymnasium fertig. Weil ich dann wahrscheinlich in Deutschland studieren werde, muss ich natürlich perfekt Deutsch können.

Deshalb sollte ich diesen Sommer noch etwas für meine deutschen Sprachkenntnisse tun. Sowohl das Goethe-Institut als auch die Sprachschule „Senter" in München bieten Kurse an, die mich interessieren. Ich habe mich aber bisher noch nicht endgültig entschieden. Könntest du vielleicht ein paar Dinge über den Kurs am Goethe-Institut herausfinden, weil du ja ganz in der Nähe wohnst? Das wäre echt toll von dir.

Am wichtigsten ist für mich zu wissen, wie teuer Kurs und Wohnung sind. Wo wohnt man eigentlich in dieser Zeit, in Hotels oder bei Familien?

Wie du weißt, lerne ich schon sechs Jahre Deutsch und möchte natürlich in einen Fortgeschrittenenkurs. Muss man einen Einstufungstest machen? Oder wie wird festgestellt, wie gut man Deutsch kann?

Und dann möchte ich noch wissen, was an den Tagen ist, an denen man keinen Unterricht hat: Kann man da die Sehenswürdigkeiten in der Stadt und in der Umgebung kennen lernen?

Vielen Dank für deine Hilfe. Ich würde mich sehr freuen, euch endlich mal wieder zu sehen.

Herzliche Grüße
dein Dimitris

Sehr geehrte (1),

ich besuche die vorletzte Klasse eines griechischen Gymnasiums und werde voraussichtlich in eineinhalb Jahren das Abitur machen. Da ich (2), in Deutschland zu studieren, sind sehr gute Deutschkenntnisse für mich von großer (3). Das ist (4), warum ich an Ihrem Feriensprachkurs (5). Ich wäre Ihnen sehr (6), wenn Sie mir einige Informationen darüber geben könnten.

Mich würde (7) interessieren, mit welchen (8) man für Kurs und Unterbringung rechnen muss. Sind die Kursteilnehmer in Hotels oder privat untergebracht? Da ich bereits sechs Jahre Deutsch lerne, möchte ich möglichst an einem Kurs für Fortgeschrittene (9). Muss ich dafür einen Einstufungstest (10)? Oder wie wird mein derzeitiges Sprachniveau festgestellt?

Meine letzte Frage betrifft die unterrichtsfreien Tage: Wird den Kursteilnehmern die Möglichkeit gegeben, einige der Sehenswürdigkeiten in und um München zu (11)?

Für (12) danke ich Ihnen im Voraus.
Mit freundlichen Grüßen
Dimitris Kapakian

b) Welche Redemittel werden in den beiden Briefen verwendet? Ergänzen Sie die Übersicht.

persönlicher Brief	formeller Brief
Liebe Simone	*Sehr geehrte Damen und Herren*
Mir geht's prima. Ich werde wahrscheinlich in Deutschland studieren.	
Könntest du ein paar Dinge für mich herausfinden?	
Wie teuer sind Kurs und Wohnung?	
Wo wohnt man?	
Ich möchte in einen Fortgeschrittenenkurs.	
Kann man die Sehenswürdigkeiten kennen lernen?	
Vielen Dank für deine Hilfe.	
Mit herzlichen Grüßen	

11 **Jeder Zehnte spricht Englisch.**
Ergänzen Sie die fehlenden Artikel (16x bestimmter Artikel, 5x unbestimmter Artikel) in der richtigen Form.

Auf _____ Erde werden rund 2800 Sprachen gesprochen, die in 12 000 Dialekte zerfallen,

_____ babylonische Sprachenvielfalt, zumal es nur 169 selbständige Staaten gibt. In _____

meisten Ländern gilt aus praktischen Gründen _____ einzige Sprache als Amtssprache. Nur zwölf

Sprachen werden von jeweils mehr als 100 Millionen Menschen gesprochen. Auf _____ inter-

nationalen Ebene muss man sich auf _____ kleine Anzahl von Arbeits- und Amtssprachen beschrän-

ken. In _____ UNO sind dies Arabisch, Chinesisch, Englisch, Französisch, Russisch und Spanisch.

Sie sind _____ eigentlichen Weltsprachen, die entweder von Hunderten von Millionen als Mutter-

sprache gesprochen werden oder in _____ Vielzahl von Ländern Amtssprache sind. So ist

_____ Chinesische für über 900 Millionen Menschen (für jeden Fünften) Muttersprache, Englisch für

470 Millionen (für jeden Zehnten) Mutter- oder Zweitsprache. _____ Weltstellung _____ Eng-

lischen, Französischen und auch Spanischen geht zurück auf _____ einstigen Kolonialreiche

_____ Mutterländer. So haben zum Beispiel viele afrikanische Staaten nach _____ Unab-

hängigkeit _____ Sprache _____ Kolonialherren beibehalten, weil keine _____ ein-

heimischen Sprachen _____ eindeutig dominierende Stellung einnahm. Selbst in Indien blieb

_____ Englische bis 1965 neben Hindi _____ zweite Amtssprache.

12   „Die sind ja doof!"

Millionen Menschen in Deutschland können nicht lesen und kaum schreiben: Analphabeten wie Edeltraud Jacobsen

Etwa 800 000 bis drei Millionen erwachsene Analphabeten gibt es nach Schätzungen der UNESCO in der Bundesrepublik. Die Dun-
5 kelziffer ist deshalb so hoch, weil die meisten Analphabeten ihre Behinderung um jeden Preis verbergen wollen. Das gelingt ihnen im Allgemeinen erstaunlich gut, mit
10 tausend kleinen Tricks und Täuschungsmanövern.
Und so war es fast ein Kulturschock, als Ende der Siebzigerjahre – 65 Jahre nach Einführung der
15 allgemeinen achtjährigen Schulpflicht – in der Bundesrepublik eine Spezies Mensch entdeckt wurde, die es in unserer hoch entwickelten Zivilisation gar nicht
20 mehr geben dürfte: den Analphabeten, das unbekannte Wesen.

Und natürlich machten sich sogleich Sozialwissenschaftler über dieses unerhörte bundesdeutsche
25 Phänomen her und versuchten, eine „Typologie des Analphabeten" zu erstellen. 150 Fallstudien zu dieser Randgruppe ergaben etwa folgendes Bild:
30 Der „typische Analphabet" stammt häufig aus sozial schwachen, kinderreichen Familien. Meist steht er in der Mitte der Geschwisterreihe. In der Schule wird er von den
35 Lehrern bald links liegen gelassen, weil er nicht mitkommt, völlig passiv ist oder aber randaliert. Oft wird er wegen seiner Lese- und Schreibschwäche auf eine Sonder-
40 schule überwiesen, wo sich auch niemand sonderlich um ihn kümmert.

Immer kommen mehrere ungünstige Faktoren zusammen: soziale
45 Probleme in der Familie, Lernstörungen wegen nicht erkannter Hör- oder Sehfehler, Orts- oder Lehrerwechsel.
Die Folgen sind gravierend: Dauer-
50 arbeitslosigkeit oder keine Möglichkeit der Höherqualifizierung, Apathie, Depressionen, aggressive Überreaktion, Alkohol- und Drogenmißbrauch, Selbstmordversuche,
55 permanente Angst, Minderwertigkeitskomplexe.
„Die meisten haben die Meinung der Gesellschaft – die sind ja doof – verinnerlicht", erklärt Brigitte
60 Dunsch, Projektleiterin der Alphabetisierungs-Kurse bei der „Stiftung Berufliche Bildung".

Lesen Sie den Text. Welche Aussagen sind richtig, welche falsch? Kreuzen Sie an. Bei R = richtig geben Sie auch die Zeile an.

	F	R	Zeile
1. Die meisten Analphabeten wollen ihre Schwäche nicht zugeben.	☐	☐	☐
2. Man hat früher nicht gewusst, dass es in Deutschland so viele Analphabeten gibt.	☐	☐	☐
3. Das Phänomen „Analphabetismus" wurde bisher noch nicht sehr genau untersucht.	☐	☐	☐
4. Die Lehrer in den Schulen kümmern sich in der Regel ganz besonders um die Schüler mit einer Lese- oder Schreibschwäche.	☐	☐	☐
5. Gewöhnlich gibt es mehrere Ursachen, warum jemand Analphabet ist.	☐	☐	☐
6. Analphabeten greifen auf Grund ihrer Probleme häufiger zu Alkohol oder Drogen.	☐	☐	☐
7. Analphabeten haben oft auch zu wenig Selbstvertrauen.	☐	☐	☐

13 Schriftlicher Ausdruck – Sätze miteinander verbinden
Verbinden Sie jeweils die Sätze aus der linken und der rechten Spalte miteinander und
benutzen Sie dazu die Verbindungselemente im Kasten.

ohne... zu ■ und ■ nachdem ■ dass ■ so ... dass ■ die ■ das heißt

Analphabeten in Deutschland

Ein 24-Jähriger lernt ein Mädchen kennen.	Die beiden wollen zusammenziehen.
Erst nach langem Zögern sagt er es ihr.	Er kann nicht lesen und schreiben.
Das Mädchen ist daraufhin schockiert.	Sie bricht die Beziehung ab.
Der junge Mann ist Analphabet.	Er hat nicht „das Wissen und die Fähigkeit im Lesen und Schreiben erlangt, um an gesellschaftlichen Aktivitäten teilzunehmen".
Es werden drei Formen von Analphabetismus unterschieden: So gibt es zum Beispiel Kinder...	Sie haben die Haupt- oder Sonderschule besucht.
Sie verlassen die Schule nach neun Jahren.	Sie haben weder Lesen noch Schreiben gelernt.
Andere Kinder sinken wieder auf die Stufe des Analphabeten ab.	Sie sind durch schwere Krankheiten oder Unfälle aus der Schule gerissen worden.
Wieder andere Schüler ignorieren die Schulpflicht.	Die Behörden kümmern sich irgendwann nicht weiter um sie.
Man kann es deshalb nur aufgrund von Schätzungen sagen.	Allein 800 000 bis drei Millionen Erwachsene in der Bundesrepublik, Ausländer eingeschlossen, sind Analphabeten.

14 Bücher und Videos zum Deutschlernen
Sie suchen für fünf Personen, die Deutsch lernen, ein passendes Geschenk.
Welche der Bücher oder Videos würden Sie auswählen (jeweils nur eine Lösung)?
Es ist möglich, dass es nicht für alle Personen ein passendes Geschenk gibt (= negativ).

Sie suchen ein Geschenk für

1. eine Freundin, die Sagen und Märchen gern hat.
2. eine Germanistikstudentin, die mehr über Feste und Feiern in Deutschland erfahren möchte.
3. einen Freund, der sich für europäische Zeitgeschichte interessiert.
4. eine Freundin und Mitschülerin, die erst seit kurzem Deutsch lernt und besonders mit der Verbkonjugation Schwierigkeiten hat.
5. einen gleichaltrigen Verwandten, der im Sommer einen Feriensprachkurs in Deutschland machen möchte und darüber Informationen sucht.

Beispiele: Sie suchen ein passendes Geschenk für
– eine Deutschlehrerin, die ihren Unterricht möglichst interessant gestalten möchte. Lösung: B
– eine Nachbarin, die gern internationale Rezepte ausprobiert. Lösung: negativ

A
Königsschlösser Ludwigs II.

Ludwig II. verbrachte einen Großteil seines Lebens in Schlössern, von denen er die meisten selbst erbauen ließ. Nach seinen romantischen Vorstellungen entstanden so Prachtbauten im Stil des Mittelalters und der Barockzeit. Der Kommentar zur Dokumentation deckt auch die geistigen Hintergründe der Zeit auf. Das Begleitmaterial enthält den Filmtext mit ausführlichen Bemerkungen und Hinweise zur Arbeit mit dem Film und dem Medium Video allgemein.

B
Spiele mit Wörtern

Der Vokabeltrainer für Fortgeschrittene ist ein ideales Hilfsmittel zur Festigung und Erweiterung des Wortschatzes. Neben Einzelwörtern werden Komposita, feste Wortverbindungen und Redewendungen gezeigt und geübt. Das Programm kann man allein oder in Partnerarbeit durchgehen. Es eignet sich somit hervorragend als Begleitmaterial für den Unterricht wie auch für das Selbststudium zu Hause.

C
Eine Reise durch die Bundesrepublik Deutschland

Ebenso sachkundig wie unterhaltsam werden Lerner über lokale Besonderheiten der Landschaften, Dörfer und Städte von der Insel Sylt über die Lüneburger Heide bis in den Harz informiert. Die ausführlichen Begleitmaterialien bringen außer Anmerkungen und Arbeitsbögen zusätzlich den Filmtext in vollständiger und vereinfachter Form.

D
Die Krönung der schönsten Stunden ...

In der Werbung ist alles möglich: Eine neue Kaffeemarke verändert das Leben, Kleopatra wäscht sich mit Industrieseife, ein Biber empfiehlt Zahnpasta. Durch die mündliche Auseinandersetzung mit 30 Werbespots aus dem deutschen Fernsehen werden sprachliche Ausdrucksmittel geübt und gleichzeitig Strategien der Werbung aufgedeckt. Das Begleitbuch bietet u.a. eine Übersicht über mögliche Arbeitsformen.

E
Grundstufengrammatik mit Erklärungen und Übungen

Zur gezielten Vorbereitung auf das „Zertifikat Deutsch als Fremdsprache", aber auch zur Wiederholung und Vertiefung des grammatischen Grundwissens. Die Grammatik ist lehrwerkunabhängig, kann aber auch lehrwerkbegleitend eingesetzt werden. Auch Lernende, die zu Hause ihre individuellen Lösungen suchen, profitieren von dieser kreativen und abwechslungsreichen Grammatikdarstellung.

F
Frohe Weihnachten

Neun Weihnachtslieder, gesungen vom Tölzer Knabenchor. Welcher Lehrer hat sich nicht schon gefragt, wie er die „Stunde" vor Weihnachten verbringen soll? Wie er seinen Lernern den Gedanken und die Emotionalität unserer Advents- und Weihnachtszeit nahe bringen kann? Das Video mit den beliebtesten Weihnachtsliedern und Aufnahmen aus den tief verschneiten Alpen bietet zahlreiche Anregungen. Das Begleitheft enthält u.a. landeskundliche und literarische Lesetexte und Bastelanleitungen.

G
Die Zeit, in der wir leben

Die CD-ROM-Reihe *Das 20. Jahrhundert* ist eine einzigartige, multimediale Referenz zu der Zeit, in der wir leben. Ein vollständiges Geschichtslexikon und noch viel mehr: Aus über 2000 Seiten mit Querverweisen, Abbildungen, Video- und Tondokumenten stellen Sie immer wieder neue Dokumentationen zusammen. Die Texte und Abbildungen können gedruckt und in andere Anwendungen übernommen werden.

H
Kleiner Sprachführer Deutsch

Das Kapitel „Alphabet und Aussprache" schafft die Grundlagen für die Beschäftigung mit der deutschen Sprache. Lerntipps, wie man schwierige Buchstaben und Buchstabenverbindungen ausspricht, erleichtern den Einstieg. Im Hauptteil des Sprachführers werden wichtige Alltagssituationen in Kurzdialogen dargestellt, z.B. „Familientreffen", „Beim Arzt", „Was machen wir heute Abend?" oder „Wie viel kostet das?". Der Anhang enthält Informationen über Deutschland mit Karten und kurzen Texten.

Verben

sich etw. aneignen
aufwachsen,
    wuchs auf, ist aufgewachsen
sich auszahlen
sich bedienen
sich befassen mit (Dat)
etw. begreifen,
    begriff, begriffen
etw. begünstigen
etw. behalten,
    behielt, behalten
etw. beherrschen
beitreten,
    trat bei, ist beigetreten
etw. beschließen,
    beschloss, beschlossen
jdn. betreffen,
    betraf, betroffen
etw. bewirken
jdn. blockieren
sich einprägen
jdn. einsetzen
eintauchen in (Akk)
entstehen,
    entstand, ist entstanden
etw. erforschen
etw. erschweren
funktionieren
etw. herausfinden,
    fand heraus, herausgefunden
hinweisen auf (Akk),
    wies hin, hingewiesen
sich konzentrieren auf (Akk)
etw. lehren
leiden unter (Dat)
    litt, gelitten
sich lohnen
sich etw. merken
etw. praktizieren
profitieren von (Dat)
stammen aus (Dat)
sich steigern
etw. übergehen,
    überging, übergangen
etw. übersetzen
etw. überwinden,
    überwand, überwunden
sich verständigen
etw. vertiefen
etw. verwechseln
etw. verzögern
sich vorbereiten
sich weiterbilden

Nomen

der Analphabet, -en
die Anerkennung
die Angelegenheit, -en
die Anleitung, -en
der Arbeitsmigrant, -en
der/die Asylsuchende, -n
der Aufenthalt
die Behörde, -n
der Bewerber, -
der Dolmetscher, -
die Empfehlung, -en
die Erleichterung, -en
der Erstspracherwerb
der Faktor, -en
der Flüchtling, -e
die Freizügigkeit
der Fremdsprachenerwerb
das Fremdsprachenlernen
das Gastland, ¨er
die Gedächtnisstütze, -n
die Gehaltszulage, -n
das Gehirn, -e
die Generation, -en
der Gewinn, -e
der Handgriff, -e
die Integration
das Langzeitgedächtnis
die Motivation, -en
die Muttersprache, -n
das Nachahmungsvermögen
der Nebeneffekt, -e
die Realität
der Spezialausdruck, ¨e
der Spracherwerb
das Sprachtalent
der Übersetzer, -
die Unterbringung
der Veranstalter, -
die Voraussetzung, -en
die Vorkenntnis, -se
der Zugang, ¨e
der Zusammenhang, ¨e
der Zustand, ¨e
die Zweitsprache, -n

Adjektive

abwechslungsreich
akzentfrei
angehend
angestellt bei (Dat)
aufgeschmissen
bequem
derart*
eigen
erforderlich
geeignet
gehemmt
hilfreich
leblos
lediglich*
mittlerweile*

* wird nur als Adverb gebraucht

renommiert
simultan
so genannt
taktvoll
üblich
unternehmungslustig
ursprünglich
verantwortlich für (Akk)
verstärkt
zuständig für (Akk)
zweisprachig

Ausdrücke

außerhalb/innerhalb (Gen)
eine Sprache beherrschen
drauflossprechen
es fällt mir leicht
sprachlich fit sein
eine Sprache gebrochen sprechen
ich komme (nicht mal im Traum)
    auf den Gedanken
zum Glück
Handel treiben mit (Dat)
im Normalfall
eine Fremdsprache perfekt sprechen
bei der Sache sein
weniger/keine Scheu haben
sich sprachlich verbessern
sich verständigen können
im Zweifelsfall

15 **a) Ordnen Sie die nicht trennbaren Verben aus der Wortliste zu.**

be-	er-	ver-	ent-	über-
bedienen				

b) Was passt zusammen? Ordnen Sie den Wörtern im Kasten Verben aus der Wortliste zu. Schreiben Sie mindestens fünf Sätze mit den Ausdrücken.

Arbeit   Zeitungsartikel   Zustand   Sprachenlernen   Fremdsprache

Entscheidung   Text   Fehler   Situation   Deutschkenntnisse   einige Faktoren   Krankheit

16 **Welches Verb passt? Ergänzen Sie trennbare Verben aus der Wortliste.**

1. in einer harmonischen Familie _____

2. auf einen Fehler _____

3. sich auf eine schwierige Arbeit _____

4. sich nach der Ausbildung selbständig _____

5. einem Verein zum Schutz der Umwelt _____

6. sich auf eine Prüfung gut _____

7. neue interessante Einzelheiten _____

8. sich eine Sprache ohne Unterricht _____

9. in den Alltag eines fremden Landes _____

17 **Welches Adjektiv aus der Wortliste passt? Es sind mehrere Lösungen möglich.**

1. _____ Aussprache

2. _____ Hotel

3. _____ Sprache

4. _____ Beschäftigung

5. _____ Lerntechniken

6. _____ Dolmetschen

7. _____ Hotelfachfrau

8. _____ Sprachenlernen

9. _____ Mensch

10. _____ Angestellter

11. _____ Bemerkung

12. _____ Voraussetzungen

13. _____ Methode

14. _____ Person

18   **Wort-Ratespiel (Nomen)**

Schreiben Sie in Partnerarbeit fünf Nomen aus der Wortliste auf fünf Kärtchen, auf die Rückseite die Definition des Begriffs. Die Kärtchen werden in der Klasse verteilt.
Bilden Sie jetzt zwei Gruppen (A–B). Ein Schüler aus Gruppe A liest ein Wort vor, ein Schüler aus Gruppe B erklärt das Wort und macht weiter (liest Wort usw.). Für jedes richtig erklärte Wort bekommt die Gruppe einen Punkt. Dabei spielen kleinere Grammatikfehler keine Rolle.

19   **Beantworten Sie die Fragen und benutzen Sie dazu möglichst viele Ausdrücke aus der Wortliste.**

1. Welche Vorteile (und eventuell auch Nachteile) bringt es mit sich, wenn ein Kind zwei Muttersprachen lernt?
2. Wie gut können Sie Deutsch, Englisch, Französisch, Spanisch …?
3. Welche Sprachkenntnisse sollte man Ihrer Meinung nach haben, wenn man
 – im Ausland studieren will? / – vorübergehend im Ausland leben will? / – als Tourist dort seine Ferien verbringen will?
4. Warum macht man einen Feriensprachkurs?
5. Europa rückt wirtschaftlich immer näher zusammen. Warum ist es in dieser Situation wichtig, Fremdsprachen zu können?

Wie beurteilen Sie Ihren Lernerfolg?

a) Was können Sie jetzt gut/schon besser als vorher?
Wo haben Sie noch große Probleme? Kreuzen Sie an.

		gut	schon besser als vorher	Es gibt noch große Probleme.
Texte hören, lesen und verstehen	● in einem Hörtext nach einmaligem Hören Einzelheiten verstehen	☐	☐	☐
	● für verschiedene Personen geeignete Anzeigen auswählen	☐	☐	☐
sprechen und schreiben	● über Spracherwerb sprechen	☐	☐	☐
	● beim freien Sprechen Begriffe umschreiben, improvisieren	☐	☐	☐
	● unterschiedliche Stilmittel/Redemittel von persönlichem und formellem Brief unterscheiden	☐	☐	☐
	● anhand von Bildern zusammenhängend über ein Thema sprechen	☐	☐	☐
dabei vor allem	● den entsprechenden Wortschatz verwenden	☐	☐	☐
	● den Infinitiv mit *zu* richtig verwenden	☐	☐	☐
	● den Infinitiv ohne *zu* richtig benutzen	☐	☐	☐
	● Infinitivsätze und Finalsätze unterscheiden	☐	☐	☐
	● den bestimmten und den unbestimmten Artikel richtig verwenden	☐	☐	☐
	● die Wörter im Satz richtig betonen	☐	☐	☐

b) Ich weiß jetzt Folgendes über das Lernen von Fremdsprachen und welche Bedeutung es für junge Leute bei der Arbeit hat:

_____

_____

1 Graduierende Adverbien
Bilden Sie Ausdrücke wie in den Beispielen.

Grundform	Komparativ
ein sehr hilfsbereiter Nachbar	eine viel nettere Lehrerin

absolut ■ äußerst ■ sehr ■ überaus ■ zu ■ ziemlich ■ besonders ■ ganz ■ recht ■ unglaublich ■ so ■ enorm

noch ■ viel ■ weitaus ■ erheblich ■ bei weitem

○ interessant   1 Freundin
○ bösartig   2 Klima
○ attraktiv   3 Ergebnis
○ groß   4 Mensch
○ nett ――― 5 Film
○ eindrucksvoll ――― 6 Lehrerin

○ spannend   7 Persönlichkeit
○ begabt   8 Buch
○ hilfsbereit ――― 9 Musiker
○ unsympathisch   10 Erfolg
○ unfreundlich ―――11 Nachbar

2 Ergänzen Sie ein passendes graduierendes Adverb.

1. Dein Bekannter ist wirklich ein _____ unhöflicher Mensch.

2. Schrecklich! Ein _____ unmöglicher Film!

3. Unser neuer Lehrer ist ja _____ strenger, als ich dachte.

4. Deine Freunde mögen ja _____ nett sein, aber sie machen im ersten Moment keinen guten Eindruck.

5. Deine neue Wohnung gefällt mir _____ besser als die alte.

6. Heute siehst du aber _____ hübsch aus.

7. Drogen sind heutzutage ein _____ großes Problem.

8. Meine Großmutter ist noch _____ besser auf den Beinen als mein Großvater.

9. Für den Bau von Straßen wird _____ mehr Geld ausgegeben als für Kindergärten und Spielplätze.

3 *ganz*

a) Machen Sie sich anhand der Beispielsätze die unterschiedliche Verwendung von *ganz* klar. Wie würde man es in Ihrer Muttersprache ausdrücken?

Die meisten Kleider gefallen mir nicht besonders, nur das hier ist *ganz* hübsch. (= ziemlich)
Schau dich an! Du hast dich *ganz* schmutzig gemacht. (sehr, total)

b) Welche Bedeutung hat *ganz* hier?
Die Bedeutung wird häufig noch durch die Betonung unterstrichen.

1. Die Reise hat ganz schön lange gedauert.
2. Am Strand habe ich einen ganz tollen Mann kennen gelernt.
3. Deine Freundin sieht ganz gut aus.
4. Dein Freund ist ein ganz schöner Macho!
5. Meine Großmutter ist ganz, ganz lieb.
6. Wir haben in ganz sauberem Wasser gebadet.
7. Unsere Ferien waren wirklich ganz fantastisch!
8. Wir konnten uns ganz gut mit den Leuten verständigen.
9. Ich bin ganz deiner Meinung.

4 Geschichte der Europäischen Union

Lesen Sie die Stationen in der Geschichte der EU und ergänzen Sie die Zeittafel nach folgendem Muster.

1957	Unterzeichnung der „Römischen Verträge" durch Belgien, Deutschland, Frankreich, Italien, Luxemburg und die Niederlande zur...
1967 1968 1973 1979 1981 1986 1991 1993 1995	

1981
Griechenland tritt der EG bei.

1993
Der Europäische Binnenmarkt tritt in Kraft. Damit entsteht ein Wirtschaftsraum ohne Binnengrenzen, in dem freier Verkehr von Personen, Waren, Dienstleistungen und Kapital gewährleistet ist.

1957
Die Gründerstaaten, Belgien, Deutschland, Frankreich, Italien, Luxemburg und die Niederlande unterzeichnen die „Römischen Verträge", mit denen die Europäische Wirtschaftsgemeinschaft und die Europäische Atomgemeinschaft verwirklicht werden sollen.

1968
Die Zollunion zwischen den EG-Mitgliedsstaaten wird verwirklicht und ein gemeinsamer Außenzoll eingeführt.

1973
Dänemark, Großbritannien und Irland treten der EG bei.

1991
In Maastricht beschließen die EG-Staats- und Regierungschefs, im kommenden Jahrzehnt eine europäische Union im Bereich Währung, Wirtschaft und Politik zu verwirklichen.

1967
Durch die Zusammenlegung der Europäischen Gemeinschaft für Kohle und Stahl, der Europäischen Wirtschaftsgemeinschaft und der Europäischen Atomgemeinschaft wird die EG geschaffen.

1986
Portugal und Spanien treten der EG bei.
Europaflagge und Europahymne werden eingeführt.

1995
Finnland, Österreich und Schweden treten der EU bei, die jetzt aus 15 Staaten besteht. Zum Jahresende entscheiden sich die Staats- und Regierungschefs für EURO als Namen der europäischen Währung und legen den Zeitplan für deren Einführung fest.

1979
Das europäische Währungssystem wird eingeführt. Die ersten Direktwahlen für das Europäische Parlament werden durchgeführt.

5

„Unser Ausland!"

Was ausländischen Mitbürgern in Deutschland auffällt –
Randy Kaufman, 46 Jahre, Archivar aus den USA, lebt seit 1975 in Deutschland

So fing es an: „Entschuldigung, ich möchte lieber Englisch sprechen!" – das war ⁵der einzige deutsche Satz, den ich auswendig konnte, als ich mich beim Konsulat in Boston um

eine Stelle bewarb, für die ¹⁰solide Deutschkenntnisse eigentlich als Voraussetzung galten. Zu meinem Erstaunen bekam ich den Job trotzdem. Man ¹⁵schickte mich zunächst als Fremdsprachenassistent nach Essen, wo ich in einem Kolpinghaus untergebracht war. Dort in ²⁰der Nähe stand auf einer Mauer in großen Buchstaben „HEIKE".
Dieser Name gefiel mir sehr gut. Er klingt ²⁵deutsch, aber viel weicher als Ulla oder Helga, und so wünschte ich mir eine Heike als Freundin. Tatsächlich fand ich eine, ³⁰und wenngleich die Be-ziehung nicht so toll lief, machten meine Sprachkenntnisse Fortschritte. Heute spreche ich, wenn ³⁵ich in Deutschland bin, sogar mit hier lebenden Amerikanern prinzipiell Deutsch, weil ich mich dabei wohler fühle. Am ⁴⁰besten gefällt mir die Du/Sie-Unterscheidung, weil sie nicht gleich aus jedem entfernten Bekannten einen *friend* macht ⁴⁵und gleichzeitig, vor allem mit Frauen, manchen Anlass zu schönen, erotischen Spielereien gibt.
⁵⁰Die Deutschen organisieren gerne, das entspricht ihrer systematischen Mentalität. Und so sind Vereine als Form der Frei-⁵⁵zeitorganisation wohl eine typisch deutsche Erscheinung, egal, ob es Karnevalsvereine oder linke Politgruppen sind. ⁶⁰Das Problem ist dabei we-niger der Eintritt als der Austritt: Leichtsinnigerweise rutscht man in Deutschland schnell in ir-⁶⁵gendeinen Verein rein, kommt dann aber so leicht nicht wieder raus. In Amerika reicht für eine Kündigung meistens ein ⁷⁰Anruf, und statt der Vereine gibt es Clubs oder Initiativen, die sich von selbst wieder auflösen, wenn das gemeinsame ⁷⁵Ziel erreicht ist. In den USA kommen gesellschaftliche Bewegungen eher von unten in Gang, in Deutschland dagegen ⁸⁰wartet man oft auf die Initiativen von oben.
Durch dieses andere Verhältnis zum Staat wird hier weitgehend akzeptiert, was mir als Ameri-⁸⁵kaner wie ein Eingriff in meine persönliche Sphäre vorkommt: dass man seine Adresse bei der Po-⁹⁰lizei angeben muss, immer einen Personalausweis bei sich tragen soll und es dem Staat überlässt, Kirchensteuern einzutreiben. ⁹⁵
Meine Kollegen haben vorgeschlagen, unser Archiv in „Information/Dokumentation" umzutau-¹⁰⁰fen, weil sich „Archiv" doch so staubig anhöre. Als könnte ein Name etwas daran ändern, dass der Dienstleistungsge-¹⁰⁵danke den meisten deutschen Archiven zuwiderläuft. Als Gegenmaßnahme und um die Kommunikation zu fördern, habe ¹¹⁰ich an meinem Arbeitsplatz die einzige Archivbar der Welt eingerichtet. Wenn in Deutschland der Service vielerorts nicht ¹¹⁵oder noch nicht funktioniert, hat das vielleicht mit der noch sehr starren Klassengesellschaft zu tun. Durch Leistung al-¹²⁰lein ist es hier nicht so einfach möglich, seine Position zu verbessern. In Amerika könnte ich mit meiner Ausbildung theo-¹²⁵retisch Leiter der Library of Congress werden – in Deutschland dagegen müsste ich, um in eine entsprechende Position ¹³⁰zu kommen, erst noch promovieren und sehr lange warten. Am Ende käme sicher jemand, der mich auf meinen Platz ¹³⁵zurückverweist. Das kann zwar sehr unbefriedigend sein, sorgt aber andererseits für eine Stabilität, die es in Deutschland ¹⁴⁰noch gibt und die ich sehr schätze.
Wenn man, wie in den USA, ständig alle Werte wechselt, entsteht das Gefühl, neuen Idealen ¹⁴⁵immer nur hinterherzurennen und etwas zu verpassen. Die Deutschen haben ihre dauerhaften Prinzipien und gehen ¹⁵⁰passend dazu davon aus, ihre Persönlichkeit immer gleichbleibend präsentieren zu müssen. Deswegen

155fällt ihnen das *stroking* so 160nicht verträgt mit deut- 165sprächen immer mal wie- sie daran, dass Amerika-170 schwer, der nette und schem Tiefsinn. der zu spüren, dass mich ner zu tiefgreifenden Ge- oberflächliche Smalltalk Weil ich als Amerikaner vor allem altgediente danken überhaupt in der mit Kollegen zum Bei- darin recht geübt bin, be- Linke so von der Seite Lage sind. spiel, der sich einfach komme ich in Ge- ansehen, als zweifelten

a) Lesen Sie den Text und stellen Sie fest, wie Randy Kaufman die folgenden Fragen beurteilt: positiv (A) oder negativ/skeptisch (B)?

	A	B
1. die Unterscheidung von „du" und „Sie" in der Anrede	☐	☐
2. das Verhältnis der Bürger zum Staat	☐	☐
3. das Dienstleistungsangebot in den meisten deutschen Archiven	☐	☐
4. die Tatsache, dass Positionen nicht nach Leistung, sondern eher aufgrund nachgewiesener Qualifikationen vergeben werden	☐	☐
5. die Fähigkeit der Deutschen, eine leichte, unverbindliche Unterhaltung zu führen	☐	☐

b) Notieren Sie die Ausdrücke aus dem Text, mit deren Hilfe die positive oder negative Wertung zum Ausdruck gebracht wird.

1. _____
2. _____
3. _____
4. _____
5. _____

6 Europäer

a) Ergänzen Sie im Raster

- alle europäischen Länder,
- ihre Sprache,
- ihre Bewohner.

Land	Sprache	Bewohner
Deutschland	Deutsch	Der Deutsche/die Deutsche

b) Schreiben Sie, was Sie über die Bewohner der europäischen Länder wissen.

Der/Die…gilt/gelten als…
Man hält den…/die…für…
Vom…/Von der…heißt es, …dass er/sie…sei/seien

7 Bilden Sie Sätze mit Dativ und Akkusativ.

Beispiel:
Kannst du *deinem Vater diese Frage* beantworten?

1. Bring … …, sobald du Zeit hast.
2. Damit er meine Wohnung findet, habe ich … … erklärt.
3. Hat deine Mutter … … erlaubt?
4. Opa, erzähl … doch mal …!
5. Gib … sofort …!
6. Könntest du … … leihen?
7. Ich schenke … … zum Geburtstag.
8. Schickst du … …?
9. Ich muss … … schreiben.
10. Wer hat … … weggenommen?
11. Heute Abend möchte ich … … zeigen.
12. Man hat … … verboten.

8 Verben mit Dativ und Akkusativ

a) Schreiben Sie Sätze im Präteritum oder im Perfekt.

Beispiel:
der Reiseleiter/die Touristen/ein tolles Restaurant/empfehlen

Der Reiseleiter empfahl den Touristen ein tolles Restaurant.
Der Reiseleiter hat den Touristen ein tolles Restaurant empfohlen.

1. der Einbrecher/die Frau/ihre goldene Kette/stehlen
2. der Arzt/der Kranke/das Medikament/verschreiben
3. der Vater/sein Sohn/diese Frage/beantworten
4. du/deine Eltern/die Wahrheit/sagen
5. das Gesetz/den Beamten in Deutschland/das Streiken/verbieten
6. die Polizei/der Finder/eine Belohnung/versprechen
7. der junge Mann/sein Chef/seine Krankheit/verschweigen

b) Ersetzen Sie Dativ und Akkusativ durch Personalpronomen und schreiben Sie die Sätze neu.

9 Funktions-Verb-Gefüge (feste Verbindung Nomen – Verb)

a) Lesen Sie in den Lektionen 1–6 noch einmal die Ausdrücke auf den Lernwortschatzseiten und ergänzen Sie das fehlende Verb aus dem Kasten.

eine Förderung __erfahren_____

einen Beitrag _____

jdm. Schaden _____

eine Wahl _____

jdm. mit Rat und Tat zur Seite _____

Handel _____

etw. zur Verfügung _____

ein Ziel _____

eine Vorlesung _____   eine Entscheidung _____

einen Diebstahl _____   Anstrengungen _____

Zivildienst _____

| begehen | halten | treiben | treffen | unternehmen | zufügen | verfolgen |
| erfahren | treffen | leisten | treffen | leisten | stehen | stellen |

10 Ergänzen Sie, was fehlt.

Verb	Verbindung Nomen + Verb
sprechen	ein Gespräch führen
fragen	_____
_____	Beachtung finden
_____	Kritik üben
beeindrucken	_____
_____	Rücksicht nehmen
beantworten	_____
_____	eine Diskussion führen
_____	Überlegungen anstellen
unterrichten	_____
sich verabschieden	_____
_____	mit jemandem eine Verabredung treffen
_____	Vorbereitungen treffen
vorwerfen	_____
_____	in Zusammenhang stehen mit etwas
_____	die Erlaubnis zu etwas geben
_____	einen Entschluss fassen
_____	ein Foto machen
_____	Protest erheben
_____	einen Rat geben
_____	in Ordnung bringen
vorschreiben	_____

11 **Formen Sie den Satz um, ohne die Bedeutung zu verändern, und benutzen Sie dazu feste Verbindungen aus Nomen und Verb.**

Beispiel:
Hast du Oma schon „Auf Wiedersehen" gesagt?
Hast du schon von Oma Abschied genommen?

1. Er unterrichtet die Kinder im Klavierspiel.
2. Sie hat mit allen beteiligten Personen gesprochen.
3. Du musst dich endlich entscheiden, was du tun willst.
4. Die Bürger haben lange über die Realisierung des Projekts diskutiert.
5. Die Entdeckung des Wissenschaftlers ist von der Öffentlichkeit stark beachtet worden.
6. Wir haben schon alles für die Abschlussfeier vorbereitet.
7. Man hat lange überlegt, wie man das Problem lösen könnte.
8. Wann räumt ihr endlich mal euer Zimmer auf?
9. Immer will sie mir vorschreiben, was ich tun soll.

12 **Mini-Umfrage: „Schuhe aus in der Wohnung?" – Leserbrief**

Sie haben in einer deutschen Zeitschrift diese Mini-Umfrage gelesen:

Schuhe vor einer Wohnungstür sagen den Besuchern deutlich: Straßenschmutz muss draußen bleiben!
Gilt in Ihrer Wohnung ein strenges Schuhe-aus-Gebot oder sehen Sie das anders?

Peter Klenz,
Kaufmann

Wir ziehen unsere Schuhe in der Wohnung nicht aus. Wir wohnen im dritten Stock, bis man da oben ist, bleibt mancher Dreck liegen. In meinem Bekanntenkreis muss man bei kaum jemandem die Schuhe ausziehen. Das mache ich auch ungern.

Birgit Brenner,
Hausfrau

Schuhe werden bei uns immer vor der Haustür ausgezogen, auch wenn wir bei anderen zu Besuch sind. Das ist einfach hygienischer. Wenn wir selbst Besuch bekommen, kommt es auf das Wetter an, ob wir ihn dazu auffordern.

Helmut Lager,
Designer

Schuhe aus oder nicht – das bleibt bei uns jedem Besucher selbst überlassen. Wir haben Gästehausschuhe, aber wir weisen niemanden extra darauf hin. Wenn wir Leute besuchen, bei denen Teppichboden ausliegt, ziehen wir jedenfalls die Schuhe aus.

Katrin Groß,
Studentin

Ich bewohne nur ein Zimmer, da finde ich es nicht wichtig, die Schuhe auszuziehen. Aber wenn ich Familie hätte, würde ich darauf achten, dass es gemacht wird. Wenn ich selbst jemanden besuche, ziehe ich natürlich anstandshalber meine Schuhe aus.

Schreiben Sie als Reaktion darauf einen Leserbrief.
Gehen Sie auf folgende Punkte ein:

– warum Sie schreiben
– was Sie von dieser Sitte halten
– welcher Meinung Sie sich eventuell anschließen möchten
– ob es auch in Ihrem Land eine derartige Sitte gibt
– welche Regeln, die das Zusammenleben der Menschen erleichtern, Sie für sinnvoll halten

Schreiben Sie etwa 220–250 Wörter. Kontrollieren Sie am Ende besonders, ob die Wortstellung und die Endungen in Ihrem Text richtig sind.

Verben

etw. absolvieren
etw. anerkennen,
    erkannte an, anerkannt
ankommen,
    kam an, ist angekommen
auffallen,
    fiel auf, ist aufgefallen
ausflippen
bestehen aus (Dat),
    bestand, bestanden
sich blamieren
jdm. einfallen,
    fiel ein, ist eingefallen
etw. einrichten
sich einsetzen
entstehen,
    entstand, entstanden
etw. eröffnen
etw. fördern
etw. fordern
führen zu (Dat)
etw. genießen,
    genoss, genossen
etw. intensivieren
profitieren von (Dat)
sich stauen
jdn. unterrichten
jdn./etw. unterstützen
etw. verbreiten
etw. vorsehen,
    sah vor, vorgesehen
jdn. weiterbilden
zusammenhängen,
    hing zusammen, zusammengehangen

Nomen

der Abschluss, ¨e
die Anerkennung
der Ansatzpunkt, -e
der Aufenthalt
die Aufnahme, -n
der Ausbau
die Beteiligung
die Betreuung
das Bildungsangebot, -e
die Ebene, -n
die Eigenschaft, -en
die Einbeziehung
der Erdteil, -e
der Erfahrungsaustausch
die Ernährungsgewohnheit, -en
das Gastland, ¨er
die Herkunft
der Industriebetrieb, -e
die Integration
der Klassengegensatz, ¨e
das Klischee, -s
der Komponist, -en
der Kultusminister, -
das Lehrangebot, -e
das Lehrmaterial, -materialien
das Lehrmittel, -

die Mobilität
die Nachfrage
das Nahrungsmittel, -
die Neigung, -en
das Organisationstalent
die Partnerschaft
der Perfektionismus
die Persönlichkeit
der Schulbereich
das Schulgeld
die Schulleitung
der Schwerpunkt, -e
das Stipendium, -ien
der Studienaustausch
die Studiengebühr, -en
die Tatsache, -n
der Teilnehmer, -
die Tierliebe
der Umgang
das Unternehmen, -
die Unterrichtssprache, -n
die Ursache, -n
die Verhaltensweise, -n
die Vorbereitung, -en
der Zuschuss, ¨e

Adjektive, Adverbien

beispielsweise*
berühmt für (Akk)
bescheiden
beteiligt an (Dat)
diskret
diszipliniert
ehemalig
europaweit
finanziell
frech
gering
geschickt
gleichermaßen*
großzügig
heißblütig
hierzulande*
historisch
humorvoll
insbesondere*
langfristig
merkwürdig
nah
notwendig
nüchtern
offensichtlich
ohnehin*
pünktlich
regelrecht
relativ
temperamentvoll
typisch für (Akk)
zeitgenössisch
zukünftig
zunächst*
zuständig   * wird nur als Adverb gebraucht

Ausdrücke

Anstrengungen unternehmen
aufgrund dieser Tatsache
einen Beitrag leisten zu (Dat)
dank ihrer Hilfe
(Unterrichts-)Projekte/Sprachkurse
    durchführen
die Finger lassen von (Dat)
eine Förderung erfahren
in verstärktem Maße
vor Ort
neue Perspektiven eröffnen
im Rahmen
jdm. mit Rat und Tat zur Seite stehen
in der Regel
sich treu bleiben in (Dat)
zur Verfügung stehen
es weht ein rauher Wind
Ziel der/des ... ist (es), ...
ein Ziel verfolgen

13 Zusammengesetzte Verben

a) Bilden Sie möglichst viele zusammengesetzte Verben mit -stehen.

bestehen —⟨ stehen ⟩

b) Bilden Sie mit jedem Verb einen Beispielsatz.

14 Das Verb *bestehen* kann verschiedene Bedeutungen haben. Was bedeutet es in diesen drei Fällen?

1. Ich will die Prüfung unbedingt bestehen.
2. Das Geschäft besteht schon seit über fünfzig Jahren.
3. Das Getränk besteht zur Hälfte aus Alkohol.

15 verbal – nominal

a) Ordnen Sie einander zu, was passt.

Einfall	neuer Medien
Stau	des Studiums
Eröffnung	eines neuen Stadtteils
Unterricht	des Textes
Einsatz	von weniger bekannten Sprachen
	in Deutsch
Einrichtung	der Universität
Gewinn	der Autos auf der Straße
Anerkennung	des ersten Preises
Förderung	des Erfinders
Entstehung	meines Zimmers
Absolvent	des neuen Sportgeschäfts
Zusammenhang	

b) Machen Sie aus dem Nomen ein Verb und formen Sie um.

Dem Erfinder fällt etwas ein.

16 Wie heißt das Nomen?

1. das Geld, das man für ein Studium bezahlt: _____

2. die Direktion der Schule: _____

3. die Sprache, die im Unterricht gesprochen wird: _____

4. die Art und Weise, wie man sich verhält: _____

5. das Land, in dem man zu Gast ist: _____

6. der Minister, der für den Bereich „Bildung" verantwortlich ist: _____

7. wie man sich gewöhnlich ernährt: _____

8. man kann gut organisieren: _____

9. man erzählt sich gegenseitig seine Erfahrungen: _____

10. der Punkt, wo man ansetzen kann: _____

11. die Materialien, mit denen unterrichtet wird: _____

12. die Lehrveranstaltungen, die angeboten werden: _____

13. Geld, das an ausgewählte Studierende vergeben wird: _____

17 **Erklären Sie die folgenden Begriffe mit Ihren eigenen Worten.**

1. Perfektionismus   4. Eigenschaft
2. Klischee   5. Komponist
3. Stipendium

18 **Notieren Sie ein Adjektiv mit gegensätzlicher Bedeutung.**

1. kurzfristig   ↔   _____

2. betrunken   ↔   _____

3. stolz, angeberisch ↔   _____

4. kleinlich   ↔   _____

5. fern   ↔   _____

6. ehemalig   ↔   _____

7. regional   ↔   _____

8. humorlos   ↔   _____

9. nett, artig   ↔   _____

19 **Machen Sie jeweils zwei Angaben.**

1. Ziel des Fremdsprachenunterrichts ist es, _____

   , _____

2. Ziel einer guten Ausbildung ist es, _____

   , _____

3. Ziel der Greenpeace-Aktionen ist es, _____

   , _____

Wie beurteilen Sie Ihren Lernerfolg?

a) **Was können Sie jetzt gut/schon besser als vorher?**
Wo haben Sie noch große Probleme?
Kreuzen Sie an.

		gut	schon besser als vorher	Es gibt noch große Probleme.
Texte hören, lesen und verstehen	● Standpunkt und Meinung eines Autors erkennen	☐	☐	☐
sprechen und schreiben	● über Deutschland und die Deutschen sprechen	☐	☐	☐
	● über Europa sprechen	☐	☐	☐
	● beim ersten Hören Einzelheiten verstehen	☐	☐	☐
dabei vor allem	● den entsprechenden Wortschatz benutzen	☐	☐	☐
	● graduierende Adverbien verwenden	☐	☐	☐
	● lokale und temporale Adjektive in Adverbien umformen	☐	☐	☐
	● Modalpartikeln richtig verwenden	☐	☐	☐
	● Modalpartikeln in anderer Bedeutung verwenden können	☐	☐	☐
	● feste Verbindungen	☐	☐	☐
	● Verben mit Dativ und Akkusativ	☐	☐	☐

b) **Ich weiß jetzt Folgendes über Europa und seine Bewohner:**

_____

_____

_____

1

Ergänzen Sie ein passendes Adjektiv. Achten Sie auf die richtige Endung.

1. Ein _____ Moslem betet fünfmal am Tag.

2. Für Adem ist der Islam der _____ Weg im Leben.

3. Adem schreibt es seinem _____ Beten zu, dass er eine

   _____ Zensur in der Mathearbeit bekommen hat.

4. Alexandra gestaltet in einer _____ Kirche Kindergottesdienste.

5. Ihrer Meinung nach muss man den Kindern den Glauben mit _____
   Texten beibringen.

6. Durch ihren Glauben hat sie ein ganz _____ Verhältnis zur Umwelt
   bekommen.

7. Sie ist nicht damit einverstanden, dass _____ Kirchenmitglieder
   Kirchensteuer zahlen müssen.

8. Iliana ist im _____ Glauben erzogen worden.

9. Der Sabbat ist für sie ein _____ Feiertag.

10. Iliana hält ein Leben nach _____ Gesetzen für richtig.

> gläubig ■ richtig ■ religiös ■ erwachsen ■ intensiv ■ evangelisch ■ modern ■ bestimmt ■
> jüdisch ■ ander... ■ gut

2

LER in deutschen Schulen

Ihr deutscher Freund/Ihre deutsche Freundin hat Ihnen Folgendes geschrieben:

Dieses Jahr haben wir zum ersten Mal das Fach LER als Alternative zum Religionsunterricht auf dem Stundenplan. LER steht für Lebensgestaltung, Ethik, Religion. In diesem Fach beschäftigt man sich mit allen Religionen und spricht über allgemeine Lebensprobleme und ethische Fragen. Dagegen spricht man im konventionellen Religionsunterricht, wie du weißt, vor allem über eine Konfession, entweder die evangelische oder die katholische. Das Fach wurde nach der Wiedervereinigung für die neuen Bundesländer „erfunden". In der DDR gab es nämlich keinen Religionsunterricht. Deshalb möchten auch jetzt viele Schüler nicht in den Religionsunterricht. Diese Schüler können das Fach LER wählen. Und LER wird immer populärer!

Antworten Sie auf den Brief und schreiben Sie etwas zu den folgenden Punkten:

– Schreiben Sie etwas über Ihre momentane Situation in der Schule.
– Wie finden Sie das Angebot, zwischen Religion und LER wählen zu können?
– Welches Fach würden Sie wählen? Begründen Sie Ihre Meinung.
– Beschreiben Sie den Religionsunterricht in Ihrem Heimatland.
– Welche Einstellung haben die Schüler zu diesem Fach?

Kontrollieren Sie am Ende, ob Sie Folgendes in Ihrem Brief berücksichtigt haben:

– Formalien des persönlichen Briefs
– Aufbau: Anrede, Einleitung, Hauptteil, Schluss, Grußformel
– ob die Sätze gut miteinander verbunden sind

3 Macht Glauben gesund?

Lesen Sie den folgenden Text. Ergänzen Sie dann in der Textzusammenfassung die fehlenden Wörter (1–3 Wörter pro Lücke).

Macht Glauben gesund?

Psychologen entdeckten die Religion als einen lange Zeit unterschätzten und übersehenen Heilfaktor für die seelische und körperliche Gesundheit. Skeptisch nehmen sie zur Kenntnis, wie sich in einer wachsenden Zahl von Untersuchungen eine enge und positive Wechselwirkung zwischen Gläubigkeit/Religiosität und gesundheitlichem Status herausschält: Wer an einen gütigen Gott oder eine andere positive transzendente Kraft oder auch „nur" an einen tieferen Sinn des Lebens glaubt,
● bewältigt Lebenskrisen, Stress und psychosoziale Konflikte leichter,
● ist deshalb weniger anfällig für stressbedingte und psychosomatische Krankheiten,
● konsumiert weniger Alkohol, Zigaretten und andere Drogen als Nichtgläubige und ist entsprechend weniger durch Sucht oder andere negative Folgen dieses Konsums gefährdet,
● kann das Sterben leichter akzeptieren und erlebt die letzte Lebensphase weniger angstvoll.

Selbst nichtreligiöse Menschen können nachweislich von der Kraft religiöser oder spiritueller Praktiken profitieren, indem sie sich sozusagen leihweise der diversen Gebets-, Versenkungs- oder Meditationstechniken bedienen. Das konzentrierte Wiederholen eines Gebets bewirkt eine tiefe körperliche Entspannung, eine wohltuende innere Leere und eine Befreiung der Psyche von alltäglichen Gedankenströmen, Ängsten und Sorgen.

Immer genauer lässt sich die Beziehung zwischen religiösen Überzeugungen und psychischem und körperlichem Wohlbefinden darstellen. So hat der Psychologe David Larson alle Studien, die in den beiden führenden Psychiatrie-Fachjournalen zwischen 1978 und 1989 publiziert worden waren, systematisch auf Zusammenhänge zwischen Glauben und psychischer Gesundheit hin ausgewertet und kam zu diesem Ergebnis: Religiosität wirkt sich in 84 Prozent der Fälle positiv aus, in 13 Prozent neutral, und nur bei 3 Prozent erwies sich Gläubigkeit als abträglich für die Gesundheit.

Kenneth Pargament, Psychologieprofessor an der Bowling Green State University in Ohio, untersuchte die Gesundheitseffekte des Glaubens bei Hunderten von religiösen Menschen unterschiedlichster Glaubensrichtungen – und kommt zu dem Schluss, dass sehr genau differenziert werden muss: Ob Religiosität sich gesundheitlich positiv oder eher negativ auswirkt, hängt entscheidend von der Art des Glaubens ab. Menschen, die in der Furcht leben, für ihre Sünden von einem strengen Gott bestraft zu werden, neigen sogar stärker zu Depressionen, Ängsten und psychosomatischen Störungen als Nichtreligiöse. Umgekehrt fördert der Glaube an einen wohlwollenden, freundlichen Gott, der menschliche Schwächen nachsichtig beurteilt, das psychische und körperliche Wohlbefinden deutlich.   *Heiko Ernst*

Textzusammenfassung:

Psychologen haben in Untersuchungen festgestellt, dass sich ein fester Glaube positiv auf (1) auswirkt. Gläubige Menschen können besser mit (2) umgehen. Sie werden nicht so schnell (3) und auch nicht so leicht (4). Außerdem ertragen sie den Altersprozess (5). Sogar Menschen, die eigentlich nicht religiös sind, können sich mit Hilfe von (6) tief entspannen und von alltäglichen Sorgen und Problemen befreien. Wie David Larson herausgefunden hat, besteht ein deutlicher (7) zwischen Religiosität und körperlichem und seelischem Wohlbefinden. Untersuchungen mit zahlreichen (8) Menschen haben gezeigt, dass der Typ des Glaubens eine wichtige Rolle spielt. Wenn Menschen nämlich Angst vor einem (9) Gott haben, hat dies negative Folgen für die Gesundheit. Solche Menschen leiden häufig unter (10).

1. _____

2. _____

3. _____

4. _____

5. _____

6. _____

7. _____

8. _____

9. _____

10. _____

4 Vermutungen

a) Ordnen Sie die Sätze nach dem Grad ihrer Wahrscheinlichkeit und schreiben Sie sie in dieser Reihenfolge auf.

– Das könnte Maria sein.

– Das dürfte Maria sein.

– Das müsste Maria sein.

– Das wird wohl Maria sein.

– Das kann Maria sein.

– Das muss Maria sein.

Satz	Umschreibung
Das könnte Maria sein.	Das ist möglicherweise ...

b) Welcher Begriff passt wohin? Ordnen Sie den Sätzen zu. Ein Begriff kann auch mehrmals verwendet werden. Manchmal passen auch mehrere Begriffe.

so gut wie sicher ■ vielleicht ■ höchstwahrscheinlich ■ möglicherweise ■ sehr wahrscheinlich ■ wahrscheinlich ■ wohl ■ es ist anzunehmen ■ offensichtlich ■ vermutlich ■ eventuell

5 Drücken Sie die Vermutung mit Hilfe von Modalverben aus.

Beispiel: Wahrscheinlich kommt mein Bruder erst übermorgen.
Mein Bruder dürfte erst übermorgen kommen.

1. Möglicherweise bekommst du einen Studienplatz für Jura.
2. Ich rechne fest damit, dass ich ein Stipendium bekomme.
3. Vermutlich hat sie die Verabredung vergessen.
4. Es ist möglich, dass etwas passiert ist.
5. Es sieht aus, als würde es gleich regnen.
6. Du hast ihr sicher gefallen.
7. Es ist unwahrscheinlich, dass sich noch etwas ändert.
8. Hier ist offensichtlich ein Fehler gemacht worden.
9. Der Junge ist sicher noch gar nicht volljährig.
10. Wahrscheinlich hat er sich bereits zur Prüfung angemeldet.
11. Es ist anzunehmen, dass das Konzert wiederholt wird.
12. Höchstwahrscheinlich hat er die Eintrittskarte geschenkt bekommen.
13. Alles weist darauf hin, dass der Mord schon gestern begangen wurde.
14. Wahrscheinlich hat sie ihn nicht zu ihrer Party eingeladen.

6 Sehen Sie sich das Foto an und stellen Sie Vermutungen an.

Die Leute	könnten	gerade eine Prozession machen.
	dürften	
	müssen	

7 Ergänzen Sie ein passendes Modalverb.

1. Unsere Nachbarn sind ganz braun aus dem Urlaub zurückgekommen. Die _____ den ganzen Tag nur am Strand gelegen haben.

2. Meinem Vater ist gekündigt worden. In seinem Alter _____ es schwierig sein, eine neue Stelle zu finden.

3. Es steht zwar nicht ganz eindeutig so im Text, aber du _____ Recht haben.

4. Eva hat das Mofa zuletzt benutzt, also _____ sie den Schlüssel dazu haben.

5. Das Buch _____ aber spannend gewesen sein, wenn du es an einem einzigen Tag ausgelesen hast.

6. Das ist ein Kleid von Strenesse, das _____ über 250 Euro gekostet haben.

7. So wie es jetzt aussieht, _____ Ralf Schumacher das Formel 1-Rennen doch noch gewinnen.

8. Nach so vielen Jahren in Amerika _____ du aber besser Englisch gelernt haben.

9. Das _____ du ihm nicht übelnehmen, das _____ ein Versehen gewesen sein.

10. Der Hübsche, Blonde da drüben _____ Annas Bruder sein. Er passt genau auf die Beschreibung.

8 a) Ergänzen Sie *sollen* oder *wollen*. Beachten Sie die Beispiele.

Er soll ein bekannter Filmschauspieler sein.
Er will sogar einen Oskar gewonnen haben.

1. Die Leute _____ nichts von dem Unglück gewusst haben.

2. Sie _____ ihr ganzes Vermögen im Kasino verspielt haben, heißt es.

3. Er _____ Kontakt zur Mafia haben. Alle sagen das.

4. Er _____ 210 Stundenkilometern auf der Autobahn gefahren sein, der Angeber!

5. Du _____ im Lotto gewonnen haben, habe ich gehört.

6. Er _____ das beste Abitur der ganzen Schule gemacht haben. Das behauptet jedenfalls seine Mutter.

7. Sie _____ schon im Fernsehen aufgetreten sein. Glaubst du ihr das?

b) Ergänzen Sie die Regeln.

Man benutzt das Modalverb „_____", wenn etwas behauptet wird, was der Sprecher aber bezweifelt.

Man benutzt „_____", wenn der Sprecher sich über ein Gerücht oder eine _____ Information äußert.

9 Okkultismus
Ergänzen Sie im folgenden Text die fehlenden Präpositionen und Pronominaladverbien.

Mareike ist vierzehn und _seit_____ kurzer Zeit _____ Besitz eines metallenen Pendels _____ einer langen Kette, und sie weiß auch, wie sie da _mit_____ umgehen muss. Wenn sie wissen will, wie eine bestimmte Sache ausgeht, braucht sie nur ihr Pendel zu befragen. Heute geht ihr _____ Beispiel die Mathearbeit _____ den Kopf, die sie morgen _____ der Schule schreiben. Mareike ist nicht besonders gut _____ Mathe – _____ Gegenteil. Die beiden letzten Arbeiten waren „mangelhaft". Ob das dieses Mal wieder passiert? Das wäre allerdings gefährlich _____ die Versetzung, denn _____ Physik stehen auch schon mehrere Fünfen _____ Notenbuch des Lehrers. Es wäre nicht schlecht, schon _____ Voraus zu wissen, was sie _____ der Mathearbeit morgen zu erwarten hat. Dann könnte sie die Eltern schonend dar_____ vorbereiten. Mareike setzt sich _____ ihren Schreibtisch und nimmt sich _____ der Schublade ein weißes Blatt Papier. Dar_____ zeichnet sie eine waagrechte Linie und setzt genau _____ diese Linie einen großen Halbkreis. _____ das rechte Viertel des Kreises schreibt sie die Noten 1, 2 und 3; _____ das linke Viertel 4, 5 und 6. Dann holt sie ihr Pendel _____ dem Federmäppchen, stützt den rechten Ellbogen _____ den Tisch und hält das Pendel _____ seinem Kettchen ganz locker _____ die Mitte der geraden Kreisbegrenzung. Sie vermeidet jede Bewegung und denkt ganz intensiv _____ die Mathematikarbeit. Und plötzlich fängt das Pendel ganz leicht an zu schwingen. Dann werden die Schwünge _____ links immer länger, bis das Pendel schließlich eindeutig _____ die böse Zahl 6 zeigt. Mareike springt _____ Schreibtisch auf und bricht _____ Tränen aus. Eine 6 wird sie schreiben – das ist schlimmer, als sie befürchtet hat.

Und das ist die Erklärung: _____ die Bewegung des Pendels machen wissenschaftliche Untersuchungen die feinen Nerven, _____ denen es _____ den empfindlichen Fingerspitzen besonders viele gibt, verantwortlich. Sie spiegeln sozusagen die Grundstimmung des Menschen wider und verursachen so die Bewegung des Pendels _____ eine bestimmte Richtung.

---

an (4 x) ■ auf (5 x) ■ aus (2 x) ■ durch ■ für (2 x) ■ in (9 x) ■ im (4 x) ■ mit ■ nach ■ seit ■ von ■ vom ■ zum

10 Die Lust am Gruseln

Lesen Sie den folgenden Text und kreuzen Sie die richtige Lösung an (es gibt jeweils nur eine Lösung).

Die Lust am Gruseln

Ein Experte spricht von der Zunahme okkulter Praktiken bei Schülern

BIELEFELD (dpa) (1) der Zunahme okkulter und spiritistischer Praktiken unter Schülern und Jugendlichen hat der Beauftragte für Sekten und Weltanschauungsfragen bei der Evangelischen Kirche von Westfalen, Rüdiger H., gewarnt. Techniken wie Tische- und Gläserrücken, Pendeln, Teilnahme an schwarzen Messen oder die Mitgliedschaft in Satanskulten seien unter Schülern stark (2), sagte der Pfarrer am Samstag im Gespräch mit der Deutschen Presse-Agentur. Jugendliche aus allen sozialen Schichten seien davon (3).

„Tischerücken, Pendeln oder Kontaktaufnahme zu Verstorbenen gehören (4) zu den beliebtesten Experimenten und üben eine hohe Anziehungskraft auf Jugendliche aus", (5) H. fest.

(6) entsprechender Studien gebe es aber kein systematisches Wissen über dieses „Gesellschaftsspiel" und auch keine genauen Zahlen über die Verbreitung okkulter Praktiken. Nach Schätzungen von Experten hätten aber (7) 50 Prozent der Kinder und Jugendlichen praktische Erfahrungen mit okkulten und spiritistischen Handlungen.

Auf Partys wird viel ausprobiert

(8) Einstieg ins Okkulte spielten Neugier und der Gruppeneinfluss (der so genannte „Mitmachefekt") durch andere Jugendliche eine dominierende Rolle. „Meistens (9) die Praktiken bei Klassenfahrten und Partys entdeckt", sagte der Sektenbeauftragte der westfälischen evangelischen Kirche. Nach Ansicht des Theologen (10) Schüler zwischen 11 und 15 Jahren besonders gefährdet, (11) Persönlichkeit noch nicht gefestigt sei. Dabei sei die Bereitschaft junger Menschen, „auf den okkulten Trip einzusteigen, (12) stärker, je mehr das bestehende System als Einbahnstraße in die programmierte Langeweile und Sinnlosigkeit erfahren werde". Nachdrücklich wies H. (13) hin, dass bei Lehrern und Mitarbeitern der Jugendhilfe ein „erhebliches Informationsdefizit" über Okkultismus und Unsicherheit bei der Behandlung des Phänomens im Unterricht oder im Gespräch mit Jugendlichen bestünden.

H. (14) deshalb Pädagogen, „unüberprüft und unkritisch Verständnis für diese Modeerscheinung zu wecken".

1. a) über b) vor c) gegen d) mit
2. a) geliebt b) abgelehnt c) verbreitet d) gewohnt
3. a) betroffen b) interessiert c) geschockt d) beschäftigt
4. a) nicht b) offensichtlich c) kaum d) äußerst
5. a) legte b) stand c) lag d) stellte
6. a) mangels b) wegen c) dank d) ohne
7. a) zusammen b) gerade c) noch d) bereits
8. a) durch den b) nach dem c) beim d) wegen dem
9. a) werden b) sind c) haben d) können
10. a) seien b) waren c) werden d) geworden
11. a) die b) dessen c) dem d) deren
12. a) umso b) viel c) je d) sehr
13. a) dazu b) damit c) darauf d) dafür
14. a) warnte b) kritisierte c) erinnerte d) ermahnte

Verben

einer Sache/Gruppe angehören
jdn. ärgern
sich auseinandersetzen mit (Dat)
sich befinden,
    befand, befunden
jdm. etw. beibringen,
    brachte bei, beigebracht
etw./jdn. beschützen
beten zu (Dat)
sich etw. einprägen
sich einsetzen für (Akk)
etw. erkennen,
    erkannte, erkannt
faszinieren
glauben an (Akk)
etw. gründen
jdn. locken
sich orientieren an (Dat)
resultieren aus (Dat)
scheitern an (Dat),
    scheiterte, ist gescheitert
schwingen,
    schwang, geschwungen
etw. spüren
jdn. taufen
etw. trennen
umgehen mit (Dat),
    ging um, ist umgegangen
jdn. unterdrücken
jdn. verfolgen
etw. verwirklichen
jdm. etw. verzeihen
verzichten auf (Akk)
sich etw. vorstellen
wachsen,
    wuchs, ist gewachsen
jdm. wahrsagen

Nomen

die Alltagsbewältigung
der Anhänger, -
der Anspruch, ¨e
die Anziehungskraft, ¨e
die Aufklärung
das Bedürfnis, -se
der Betrug
die Bewegung, -en
die Bibel
die Botschaft, -en
das Elitebewusstsein
die Erscheinung, -en
die Ethik
das Gebet, -e
die Geborgenheit
das Gebot, -e
der Geist, -er
die Gemeinschaft, -en
das Gesetz, -e
die Gestalt, -en
der Glaube
der Gottesdienst, -e
die Gütergemeinschaft

das Handeln
das Ideal, -e
die Institution, -en
die Interpretation, -en
das Jenseits
die Kirchensteuer
die Konfession, -en
die Lebenseinstellung, -en
die Lebenshilfe, -n
der Lebensumstand, ¨e
die Minderheit, -en
der Misserfolg, -e
das Mitgefühl
die Moschee, -n
das Oberhaupt, ¨er
das Pendel, -
die Praktik, -en
das Prinzip, -ien
der Religionsunterricht
die Religiosität
die Sekte, -n
die Spende, -n
die Stärke, -n
der Trost
die Ursache, -n
das Verhältnis zu (Dat)
der Verlust, -e
der Wegweiser, -
das Weltall
das Wesen, -
das Ziel, -e
der Zug, ¨e
die Zuneigung
die Zuversicht
die Zuwendung
der Zweifel an (Dat)

Adjektive und Adverbien

anfällig für (Akk)
angenehm
elementar
evangelisch
gläubig
hörig
jeweilig
jüdisch
lebendig
magisch
mysteriös
oberflächlich
okkult
silbern
spezifisch
übernatürlich
übersinnlich
verborgen

Ausdrücke

im Allgemeinen
sich angesprochen fühlen durch/von
den Anschein von etw. erwecken
Kurse belegen
sich einer Bewegung anschließen
in einer Krise stecken
eine Lehre befolgen
in Tränen ausbrechen
etw./jdn. verantwortlich
    machen für (Akk)
unter … versteht man …

11 Ergänzen Sie ein passendes Nomen.

1. das Gesetz _zum Schutz der Umwelt_____

2. der Zweifel an _____

3. das Verhältnis zu _____

4. das Bedürfnis nach _____

5. die Interpretation der/des _____

6. der Verlust an _____

7. die Enttäuschung über _____

8. die Spende für _____

9. der Anhänger einer/eines _____

10. die Anziehungskraft von/auf _____

12 Ergänzen Sie Begriffe mit gegensätzlicher Bedeutung.

1. Individuum ↔ _Gemeinschaft_____

2. Schwäche ↔ _____

3. Verbot ↔ _____

4. Mehrheit ↔ _____

5. Diesseits ↔ _____

6. Gewinn ↔ _____

7. Erfolg ↔ _____

8. Sicherheit ↔ _____

9. Gegner ↔ _____

13 Erklären Sie die folgenden Begriffe mit Ihren eigenen Worten.

1. Alltagsbewältigung
2. Elitebewusstsein
3. Konfession
4. Misserfolg
5. Weltall

14 Ergänzen Sie ein passendes Verb.

1. jemandem Schach _beibringen_____

2. einer Religionsgemeinschaft _____

3. sich für eine gute Sache _____

4. einen Traum aus der Kindheit

_____

5. dem Freund einen Fehler _____

6. an Gott _____

7. zu Allah _____

8. jemanden mit Versprechungen aller Art

_____

15 Schreiben Sie mit mindestens sieben der folgenden Verben einen kleinen Text.

angehören – unterdrücken – befolgen – sich auseinandersetzen – faszinieren – locken – verzichten – sich einsetzen – scheitern – spüren – befinden – sich orientieren

16 Ergänzen Sie passende Adjektive.

1. _____ Bedürfnisse

2. _____ Bekanntschaften

3. _____ Christ

4. _____ Phänomene

5. _____ Jugendliche

6. _____ Beschäftigung

17 Welche Begriffe passen dazu?

Pendel

Jugendreligionen/ Sekten

Gebet

Glaube

Gottes- dienst

Kirche

Wie beurteilen Sie Ihren Lernerfolg?

a) **Was können Sie jetzt gut/schon besser als vorher?**
Wo haben Sie noch große Probleme? Kreuzen Sie an.

		gut	schon besser als vorher	Es gibt noch große Probleme.
Texte hören, lesen und verstehen	● in einem Text Einzelheiten verstehen	☐	☐	☐
	● einen Text Wort für Wort lesen	☐	☐	☐
sprechen und schreiben	● Aussagen eines Hörtextes bestimmten Personen zuordnen	☐	☐	☐
	● über Personen, Dinge, Sachverhalte spekulieren	☐	☐	☐
dabei vor allem	● den entsprechenden Wortschatz benutzen	☐	☐	☐
	● Modalverben in der subjektiven Bedeutung benutzen	☐	☐	☐
	● Adjektive richtig deklinieren	☐	☐	☐
	● Formalien des persönlichen Briefs richtig benutzen	☐	☐	☐
	● Umlaute richtig aussprechen	☐	☐	☐

b) **Ich weiß jetzt Folgendes über die Einstellung deutscher Jugendlicher zu Religion(en) und zu okkulten Praktiken:**

_____

_____

1 Kleintier-Praxis
Was geschieht in einer Tierarzt-Praxis? Bilden Sie Sätze wie im Beispiel.

1. Schäferhund mit Gehbeschwerden röntgen
   Ein Schäferhund mit Gehbeschwerden wird geröntgt.
2. Augen eines Kaninchens untersuchen
3. Krallen eines Katers schneiden
4. Dackel operieren
5. Blutbild eines Dackels unter Mikroskop kontrollieren
6. Temperatur einer Katze messen
7. Pudel Verband anlegen

2 Formen Sie die Sätze, wenn möglich, ins Passiv um.
Welche Verben können nicht im Passiv stehen? Warum?

1. Der Hund ist ganz allein ins Behandlungszimmer gekommen.
2. Der Arzt hat dem Meerschweinchen eine Spritze gegeben.
3. Die Ärztin nähte die Wunde des Hundes.
4. In der Praxis riecht es nach Desinfektionsmittel.
5. Die alte Dame beruhigte das Tier.
6. Das Kaninchen hatte keine Angst vor dem Tierarzt.
7. Das Kind streichelt die Angorakatze.
8. Die Katze ist schon zwölf Jahre alt.
9. Der Arzt hat der Hündin Magentropfen verschrieben.
10. Das operierte Tier ist noch nicht aus der Narkose aufgewacht.
11. Die Tierärztin schläferte den kranken Kater ein.
12. Der alte Herr hat seinen Kater sehr geliebt.
13. Endlich hat sich der kleine Hund beruhigt.

3 Der Deutsche Tierschutzbund

a) Welche Verbände und Organisationen kümmern sich in Ihrem Land vor allem um den Tierschutz? Notieren Sie.

b) Lesen Sie den Text und ergänzen Sie die fehlenden Wörter aus den Kästen.

Der Deutsche Tierschutzbund ist die größte Tier- und Naturschutzorganisation in

_____. Er wurde im Jahr 1881 als Dachorganisation der Tierschutzvereine

in _____ gegründet, um dem _____ von

Tieren wirksamer entgegentreten zu können.

Jedes _____ auf dieser Welt hat zumindest ein Recht auf ein leidens- und

schmerzfreies Leben und einen schmerzlosen Tod. In allen _____, die den

Umgang mit Tieren berühren, sei es in der Landwirtschaft, in Forschung und Industrie, im Privathaushalt

oder bei Eingriffen in die Natur, setzt sich der Deutsche Tierschutzbund für dieses Recht ein – auch im Interesse zukünftiger _____.

_____ sind für uns untrennbar miteinander verbunden. Daher ist es unser _____, dass die gesamte Natur um ihrer selbst willen geschützt wird. Die Förderung des Tier- und Naturschutzgedankens und der praktische Einsatz „vor Ort" zum Wohl aller Tiere sind die wichtigsten _____ des Deutschen Tierschutzbundes.

Anliegen ■ Aufgaben ■ Bereichen ■ Deutschland ■ Europa ■ Generationen ■ Geschöpf ■ Missbrauch ■ Tier-, Natur- und Artenschutz

Heute sind dem Deutschen Tierschutzbund 16 Landesverbände und rund 700 örtliche Tierschutzvereine mit mehr als 700 000 _____ aus allen Teilen des Landes angeschlossen. Über 400 _____ werden von den Mitgliedsvereinen betrieben. Die Deutsche Tierschutzjugend im Deutschen Tierschutzbund e.V. ist die _____ des Deutschen Tierschutzbundes.

Internationale _____ ist zur Lösung der vielfältigen Probleme in einer immer enger zusammenwachsenden Welt unverzichtbar. Viele Tierschutzprobleme zeigen, dass ein Europa ohne Grenzen dringend auf ein einheitliches _____ gebracht werden muss. Daher steht der Deutsche Tierschutzbund nicht nur in ständigem Kontakt mit _____, sondern er ist auch aktives Mitglied in der EUROGROUP for Animal Welfare (Brüssel), dem _____ der führenden europäischen Tierschutzorganisationen. Mit Tierfreunden aus allen _____ kämpft der Deutsche Tierschutzbund in der Welttierschutzgesellschaft für die Rechte der Tiere in der ganzen Welt.

Dachverband ■ Erdteilen ■ Europaparlamentariern ■ Jugendorganisation ■ Mitgliedern ■ Tierheime ■ Tierschutzniveau ■ Zusammenarbeit

4 Welche Ziele und Aufgaben werden vom deutschen Tierschutzbund verfolgt?
Lesen Sie den Prospektausschnitt und schreiben Sie Sätze wie im Beispiel.

1. Pflege und Förderung des Tier- und Naturschutzgedankens.
   Der Tier- und Naturschutzgedanke soll gepflegt und gefördert werden.

2. Weiterentwicklung des deutschen und europäischen Tier- und Naturschutzrechtes.
3. Alle Tiere, Haustiere wie frei lebende, vor Grausamkeit zu schützen.
4. Haustieren eine gute Pflege und Unterkunft zu ermöglichen.
5. Die tierquälerische Massentierhaltung der so genannten Nutztiere zu verbieten.
6. Abschaffung von Tierversuchen. Ersatz von Tierversuchen durch Forschung an schmerzunempfindlicher Materie.
7. Qualvolle Tiertransporte zu Lande, zu Wasser und in der Luft zu verhindern und den Transport von Schlachttieren auf den kürzesten Weg vom Herkunftsort zum Schlachthof zu beschränken.
8. Schlachtung aller Tiere ausnahmslos unter ausreichender Betäubung.
9. Keine Überforderung von Tieren bei Sport und Dressuren. Kein Missbrauch von Tieren bei Schaustellungen.
10. Kampf gegen Vogelmord und Artenvernichtung aller Art.
11. Kampf auch gegen Tiermisshandlungen in anderen Ländern (Stierkampf, Robbenschlagen, Hahnenkämpfe, Hundeschlächterei).
12. Erziehung in Schule, Elternhaus und Kirche zur Humanität allen Geschöpfen gegenüber.

5 Passiv mit Modalverb. – Was muss getan werden?

Beispiel: Einige Schüler haben die Übung nicht verstanden. (besser erklären)
Die Übung muss besser erklärt werden.

1. An der Kreuzung ist ein Unfall passiert. (Verletzte/erste Hilfe leisten)
2. Ein Arzt soll kommen. (anrufen)
3. Das Konzert findet nicht statt. (Geld für Eintrittskarten/zurückzahlen)
4. Das Haus ist in einem schrecklichen Zustand. (renovieren)
5. Das Buch ist vergriffen. (neu auflegen)
6. Die Lehrerin ist plötzlich krank geworden. (Unterricht/absagen)
7. Der Hund ist ganz mager. (besser ernähren)
8. Wir machen morgen eine Party. (Nachbarn/informieren)
9. Das Buch gibt es bisher nur in englischer Sprache. (ins Deutsche/übersetzen)
10. Tiere werden noch in vielen Ländern gequält und verfolgt. (Menschen/sensibilisieren)

6 Subjektlose Passivsätze
Formen Sie die Sätze ins Passiv um. Entscheiden Sie in jedem Fall: Was ist besser: Aktiv oder Passiv?

Die Jugendlichen haben die ganze Nacht in der Disko getanzt.
Es wurde die ganze Nacht in der Disko getanzt.
Die ganze Nacht wurde in der Disko getanzt.

1. Du musst hier auf den Bus warten.
2. Die Frau hat mehrmals an den Minister geschrieben.
3. Warum schreit ihr denn so?
4. Die Leute haben nur noch über dieses Thema gesprochen.
5. Hier sollte man eigentlich nicht so laut sprechen.
6. Du hast mindestens eine Stunde lang telefoniert.
7. Kein Mensch hat ihm für seine mutige Tat gedankt.

7 Schreiben Sie die Artikel um, indem Sie passende Sätze ins Passiv setzen.

A „Urlaubs-Paten für Fiffi und Miezi gesucht

Mit dem Ferienbeginn verfünffacht sich leider alljähr-lich die Zahl der ausgesetzten Haustiere. Im 1. Halb-jahr hat man schon knapp 4000 Tiere ins Münchner Tierheim gebracht. Der Tierschutzverein hat deshalb die Aktion „Urlaubs-Paten-Börse" gestartet. Dort sind Namen und Telefonnummern von Tierfreunden zu er-fragen, die bereit sind, vorübergehend ein Tier bei sich aufzunehmen. Die Adressen hat man nach Stadtteilen erfasst, so dass sich vielleicht schon in der nächsten Querstraße ein Pflegeplatz vermitteln lässt.

B Verdacht der Tierquälerei
Tierversuchsgegner stellen Strafantrag gegen Krebs-forscher

Der Bundesvorstand der Tierversuchsgegner stellte gegen den Berliner Mediziner Dr. Peter S. Strafantrag wegen des Verdachts der Tierquälerei. Er hält dem Berliner Mediziner vor, Ratten Alkohol verabreicht zu haben, um auf diese Weise Krebs zu erzeugen. Nach Ansicht der Tierschützer verstieß Peter S. mit diesem Experiment mehrfach gegen das Tierschutzgesetz. Erst vor kurzem hatte der Mediziner eine Studie vor-gestellt, in der er anhand von Tierversuchen nachge-wiesen hatte, dass stetiger Alkoholkonsum verstärkt zu Darmkrebs führen kann. Für diese Forschungsarbeit hatte man ihm vom Deut-schen Krebsforschungszentrum jüngst einen mit 5000 Euro dotierten Preis verliehen.

8 Das Wochenende steht vor der Tür.
Was ist erledigt (+), was muss noch getan werden (–)?

Beispiel: Montag: Kinder zum Sportfest anmelden (+),
neuen Trainingsanzug kaufen (–)
Die Kinder sind schon zum Sportfest angemeldet,
ein neuer Trainingsanzug muss noch gekauft werden.

Dienstag: Getränke bestellen (+), Vorhänge zur Reinigung bringen (–)
Mittwoch: Zahnarztrechnung überweisen (–), „Essen auf Rädern" für Oma bezahlen(+),
Paula und Günter einladen (+)
Donnerstag: Abstellraum aufräumen (–), für Samstag einkaufen (–)
Freitag: Auto waschen (+), Reinmachefrau anrufen (–)

9 Redewendungen mit Tierbezeichnungen
Was bedeuten diese Redewendungen? Ordnen Sie zu.

Beispiel:
Da kriegt man ja die Motten!   (Ausruf der Überraschung): Das ist ja unglaublich!

– einen Vogel haben   etwas Überflüssiges tun
– jemandem einen Vogel zeigen   bei jemandem einen (oft unerfüllbaren) Wunsch wecken
– mit den Wölfen heulen   heftig protestieren, zetern
– wie ein Rohrspatz schimpfen   umsonst, vergeblich sein
– auf das falsche Pferd setzen   aus Feigheit das tun, was alle anderen auch tun
– für die Katz sein   verschwinden
– wie der Ochs vorm Berg stehen   nicht ganz bei Verstand sein
– jemandem einen Floh ins Ohr setzen   jemandem signalisieren, dass er dumm ist
– eine Fliege machen   sich nicht zu helfen wissen
– Eulen nach Athen tragen   bei einer Unternehmung die Entwicklung falsch einschätzen

10 Lesen Sie den Text und ergänzen Sie im Raster die fehlenden Informationen.

Urwald im Zoo –
den Affen zuliebe

Neubauprojekt in Hellabrunn

Schimpanse Franzl ist richtig gut drauf an diesem Vormittag. Gerade hat er ein Schläfchen gehalten, sich ordentlich den 5 Bauch vollgeschlagen. Und jetzt weiß er gar nicht mehr, wohin mit seiner Kraft. Doch ein artgerechtes Toben ist nicht drin. Der Menschenaffe steht auf glatten, oran-10 gefarbenen Fliesen, ein Metallgitter engt seine Aktivitäten ein. Franzl klettert die Stäbe hoch, rüttelt und rüttelt.
Für die Besucher im Tierpark Hel-15 labrunn ist das vielleicht nicht mehr als eine lustige Einlage bei ihrem Rundgang – für den Schimpansen der monotone Alltag. Und für Tierpark-Chef Professor Hen-20 ning Wiesner ein untragbarer Zustand: „Wir können die Tiere einfach nicht mehr so halten." Ein neues, modernes Urwaldhaus soll die Lebensbedingungen von Go-25 rillas und Schimpansen entscheidend verbessern. Die Pläne sind längst fertig. Doch es fehlt an Geld, die Finanzierung des 18-Millionen-Projekts ist noch nicht 30 gesichert.

Das alte Haus war
nie tiergerecht

Das jetzige Heim für Gorillas und Schimpansen entstand 1938. Da-35 mals war es richtungweisend für die Unterbringung von Zootieren. Doch die Zeiten haben sich geändert. Und auch die Erkenntnisse über artgerechte Haltung. „Wenn 40 man heute solche Tiere zeigen will, dann muss man sie richtig halten. Sowohl aus moralischen als auch aus tiermedizinischen Gründen", sagt Wiesner.
45 „Geozoo 2000" heißt das Konzept, das Wiesner und seine Mitarbeiter ausgearbeitet haben. Im Dschungel-Zelt und im neuen Schildkrötenhaus wurde es schon verwirk-50 licht. Die Tiere werden in ein Biotop eingebunden, in dem auch Reptilien, Vögel und Fische leben und tropische Pflanzen wuchern.

Die Schimpansen und Gorillas 55 werden sich umstellen müssen, wenn das Projekt durchgezogen wird.
Aber im positiven Sinn. Sie werden auf einem natürlichen Unter-60 grund laufen, auf Rindenmulch und einer speziellen Rasensorte. Auf beheizten Platten können sich die Tiere aufwärmen. „Wichtig ist

auch, dass sie sich viel besser be-65 schäftigen können", sagt Henning Wiesner. „Wenn wir Getreidekörner auf den Mulch werfen, haben sie stundenlang zu tun, sie wieder zusammenzusuchen." Auf dem 70 jetzigen Fliesenboden geht's ruckzuck: Ein Wisch mit dem Unterarm, und das Futter wandert in den Magen.
Eine Besonderheit des Urwald-75 hauses soll die UV-transparente Dachfolie werden. Wiesner: „Das

ist ganz wichtig. Denn durch die direkte UV-Einstrahlung wird der Rachitis vorgebeugt, wird das Im-80 munsystem stimuliert und etwas für die Gesundheit der Haut getan. Außerdem können sich auch die Pflanzen besser entwickeln und zusätzlich für eine 85 natürliche Atmosphäre sorgen." Die bisherigen Probleme mit Lun-

gentzündungen und ähnlichen Krankheiten gehören dann hoffentlich der Vergangenheit an. 90 Zur Zeit leben in Hellabrunn sieben Schimpansen und acht Gorillas – darunter ein Baby. Die Schimpansen haben gar kein Freigehege, die Gorillas eine relativ 95 große Außenanlage und eher kleine Innenbereiche. Das soll sich ändern. Denn wegen des rauhen Klimas halten sich die Menschenaffen sowieso drei Viertel des Jahres im Inneren auf. In Zukunft sollen sie sich auf jeweils 500 Quadratmeter Innen- und insgesamt 1000 Quadratmeter überdachter Außenfläche austoben können.

Unter diesen Bedingungen könnten die Affenfamilien auch durchaus wachsen. Der Zoo-Chef: „Unser Fernziel sind dann je zehn bis zwölf Schimpansen und Gorillas in Familienverbänden, wie in der freien Wildbahn. Und in die könnten junge Schimpansen nach dem Auswachsen unter weitgehend natürlichen Bedingungen auch wieder eingebürgert werden." Entsprechende Absprachen mit tansanischen Projekten gibt es bereits.

„Wir planen für die nächsten 50 Jahre", sagt Wiesner. Eine lange Perspektive, die auch für die Besucher erfreuliche Aussichten bietet. Denn auch sie werden voll in den „Urwald" eintauchen und wesentlich mehr und intensivere Eindrücke mitnehmen können als bisher.

Im Jahr 2000 könnte der Urwald fertig sein

20 Millionen veranschlagen die Planer fürs Urwaldzelt. Und führen für diese zweifellos gewaltige Investition ein weiteres gewichtiges Argument an: „Die Bausubstanz des jetzigen Affenhauses ist marode und nicht sanierbar." Es stehen also sowieso erhebliche Kosten an. Und deshalb sollte vernünftigerweise gleich eine für Tiere und Besucher optimale Lösung kommen.

1. Franzls Zuhause: _____

2. Gründe für das geplante Bauvorhaben: _____

3. Probleme bei der Verwirklichung des Projekts: _____

4. Errichtung der jetzigen Schimpansenwohnung: _____

5. moralische und tiermedizinische Forderung bei der Haltung von Menschenaffen: _____

6. Stimulierung des Immunsystems durch: _____

7. bisher übliche Krankheiten: _____

8. Berücksichtigung der Lebensweise der Menschen- affen durch: _____

9. mögliche Entwicklung der Affenfamilie: _____

10. gemeinsames Projekt mit Tansania: _____

11. Gewinn für die Zoobesucher: _____

12. weitere Gründe für die Notwendigkeit des Neubaus: _____

Tiere in Gefahr – Referat
**Sehen Sie sich die Grafik an und halten Sie in der Klasse ein Referat über Tierarten,
die vom Aussterben bedroht sind.**

Gehen Sie dabei auf folgende Fragen und Punkte ein:

– Welche interessanten Informationen über gefährdete Tiere bietet die Grafik?
– Wie ist das Aussterben vieler Tierarten Ihrer Meinung nach zu erklären?
– Sind auch in Ihrem Heimatland Tiere vom Aussterben bedroht?
– Was wird dort zum Schutz gefährdeter Tiere getan?
– Sprechen Sie eine Empfehlung aus, was weltweit zum Schutz gefährdeter Tiere getan werden sollte.

Arbeiten Sie das Referat schriftlich aus. Schreiben Sie etwa 220 – 250 Wörter.

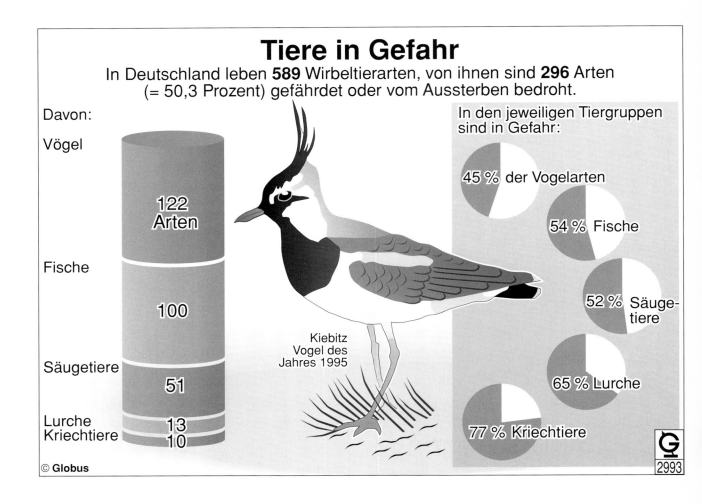

Tiere in Gefahr
In Deutschland leben **589** Wirbeltierarten, von ihnen sind **296** Arten
(= 50,3 Prozent) gefährdet oder vom Aussterben bedroht.

Davon:

Vögel

Fische

Säugetiere

Lurche
Kriechtiere

122
Arten

100

51

13
10

Kiebitz
Vogel des
Jahres 1995

In den jeweiligen Tiergruppen
sind in Gefahr:

45 % der Vogelarten

54 % Fische

52 % Säuge-
tiere

65 % Lurche

77 % Kriechtiere

© Globus

2993

Verben

jdn. abweisen,
    wies ab, abgewiesen
jdn. anklagen
etw. anwenden
etw. ausrotten
jdn./etw. bekämpfen
etw. erproben
jdn. erschießen,
    erschoss, erschossen
jdn. füttern
jdn. hinrichten
jdn./etw. jagen
jdn. quälen
riechen nach (Dat),
    roch, gerochen
jdn. röntgen
etw. schlachten
sterben,
    starb, ist gestorben
jdn./etw. streicheln
jdn./etw. überfahren,
    überfuhr, überfahren
etw. übertragen,
    übertrug, übertragen
jdn. umbringen,
    brachte um, umgebracht
etw. verlangen von (Dat)
sich verringern
jdm. etw. verschreiben,
    verschrieb, verschrieben
sich verteidigen
jdm. etw. vorschreiben,
    schrieb vor, vorgeschrieben

Nomen

der Affe, -n
der Angeklagte, -n
das Anliegen, -
die Anweisung, -en
das Arzneimittel, -
der/die Beauftragte, -n
die Datenbank, -en
die Delikatesse, -n
der Elefant, -en
das Experiment, -e
die Forschung
der Frosch, ⸚e
der Fuchs, ⸚e
das Futter
das Gericht, -e

die Gerichtsverhandlung, -en
der Hai, -e
das Huhn, ⸚er
der Igel, -
die Infektionskrankheit, -en
der Käfig, -e
das Kaninchen, -
die Katze, -n
der Löwe, -n
das Medikament, -e
der Missbrauch
die Misshandlung, -en
die Narkose
das Nilpferd, -e
die Personalien (Pl.)
der Prozess, -e
die Quälerei, -en
die Ratte, -n
der Schadstoff, -e
die Schildkröte, -n
das Schimpfwort, ⸚er
die Schlange, -n
der Schmarotzer, -
die Schnecke, -n
das Schwein, -e
der Schweinestall, ⸚e
die Streiterei, -en
die Substanz, -en
die Tierhandlung, -en
der Tierschutz
der Tierversuch, -e
der Verräter, -
das Versuchstier, -e
der Verteidiger, -
die Zellkultur, -en
der Zeuge, -n
die Zuchtfarm, -en

Adjektive und Adverbien

abwechslungsreich
alternativ
artgerecht
betroffen
einheitlich
fair
grausam
qualvoll
raffiniert
schmerzlos
wirksam
wütend auf (Akk)

Ausdrücke

mit etw. auspacken
jdn. (nicht) gut/schlecht behandeln
Tierversuche/Untersuchungen
    durchführen
Einspruch erheben gegen (Akk)
die Katze im Sack kaufen
Schwein haben
jdm. eine Spritze geben
jdm. etw. zuliebe tun

12 **Wie heißt das Verb?**

1. z.B. mit dem Auto über jemanden/etwas wegrollen: _____

2. sich rechtfertigen, Gründe für seine Unschuld nennen: _____

3. jdm. bewusst Schmerz zufügen: _____

4. (eine Tierart) total vernichten: _____

5. kleiner werden: _____

6. jdm. sagen, dass er/sie etwas Bestimmtes tun muss: _____

7. energisch gegen etw. vorgehen: _____

8. etw. in der Praxis einsetzen, um seine Wirkung zu testen: _____

9. einem Tier zu fressen geben: _____

10. jdn. mit einer Schusswaffe töten: _____

13 **Ergänzen Sie passende Nomen, auch aus der Wortliste.**

1. jagen: _____

2. füttern: _____

3. schlachten: _____

4. quälen: _____

5. hinrichten: _____

6. verteidigen: _____

14 **Ordnen Sie weitere Nomen aus der Wortliste zu, die genauso dekliniert werden (höchstens fünf).**

der Löwe	die Schlange	der Igel	das Huhn
den Löwen	die Schlange	den Igel	das Huhn
dem Löwen	der Schlange	dem Igel	dem Huhn
des Löwen	der Schlange	des Igels	des Huhns

ebenso:

_____	_____	_____	_____
_____	_____	_____	_____
_____	_____	_____	_____
_____	_____	_____	_____
_____	_____	_____	_____

15 **Welche Wörter aus der Wortliste passen dazu?**

Narkose

(Gericht)

Wissenschaft

jdn. anklagen

(Medizin)

Experiment

16 **Tiere**

Beschreiben Sie ein Tier und lassen Sie die anderen raten. Ihre Mitschüler dürfen nur Fragen stellen, die man mit *Ja* oder *Nein* beantworten kann.

17 **Erklären Sie die Bedeutung der Adjektive.**

1. wütend: wenn man sehr böse oder zornig ist
2. grausam:
3. fair:

4. abwechslungsreich:
5. alternativ:
6. wirksam:

18 **Was wird ihnen zuliebe getan bzw. sollte getan werden? Schreiben Sie Sätze.**

Beispiel: Die Tiere im Zoo sollte man artgerecht halten …

Tiere im Zoo – ausgesetzte Haustiere – Tiere für Tierversuche
gefährdete Tierarten – Tiere bei Transporten

Wie beurteilen Sie Ihren Lernerfolg?

a) Was können Sie jetzt gut/schon besser als vorher?
   Wo haben Sie noch große Probleme? Kreuzen Sie an.

		gut	schon besser als vorher	Es gibt noch große Probleme.
Texte hören, lesen und verstehen	● in längeren Lesetexten Hauptaussagen verstehen, indem man wichtige Informationen unterstreicht und mit deren Hilfe den Text zusammenfasst	☐	☐	☐
	● in längeren Texten Einzelheiten verstehen	☐	☐	☐
sprechen und schreiben	● über Tiere und Tierschutz sprechen	☐	☐	☐
	● Pro-Contra-Argumente gegeneinander abwägen	☐	☐	☐
dabei vor allem	● den entsprechenden Wortschatz benutzen	☐	☐	☐
	● das Passiv richtig benutzen	☐	☐	☐
	● Nomen richtig deklinieren (z.B. n-Deklination)	☐	☐	☐

b) Ich weiß jetzt, was in Deutschland zum Schutz von Tieren unternommen wird:

Quellenverzeichnis

Seite 11-13:   Test aus: Brigitte 4/90, Picture Press, Hamburg
Seite 20:   Text von Petra Kroll aus: JUMA 1/97, TSB Verlag, Mönchengladbach
Seite 22/29:   Grafik: Institut der Deutschen Wirtschaft, Köln
Seite 23:   Bild und Text aus: AZ vom 16.05.97, Verlag Die Abendzeitung, München
Seite 24/25:   Text aus: Broschüre up an down, Bundeszentrale für gesundheitliche
                Aufklärung, Bonn 1994
Seite 26:   Text aus: Magazin der Berufsberatung 4/96, Bundesanstalt für Arbeit,
                Nürnberg; Foto: Friseurinnung München
Seite 37:   Text aus: Stuttgarter Nachrichten vom 12.09.93
Seite 48/49:   Text von Biggi Mestmäcker aus: Brigitte Young Miss 8/96, Picture Press,
                Hamburg; Foto: Keystone Pressedienst, Hamburg
Seite 50:   Text aus: Magazin der Berufsberatung 4/96, Bundesanstalt für Arbeit, Nürnberg
Seite 59:   Text: Globus Kartendienst, Hamburg 1993
Seite 60:   Text von Fee Zschocke aus: Brigitte 18/90, Picture Press, Hamburg
Seite 61:   stark veränderter Text von Siegfried Röder aus: Langenscheidts Sprachillustrierte
                3/88, Langenscheidt Verlag, München 1988
Seite 67:   Geschichte der Europäischen Union aus: Hochschuljournal WS 96/97, Arnim
                Csysz, Bonn
Seite 68:   Text von Dorothee Wenner aus: Die Zeit Nr. 11 vom 07.03.97, Zeitverlag
                Hamburg; Foto: Holger Floß, Berlin
Seite 78:   Text aus: Psychologie heute 6/97, Beltz Verlag, Weinheim
Seite 80:   Foto: dpa München
Seite 81:   Text von Monica Mutzbauer aus: Ernst Barnert, bsv Ethik 8 S, S. 42,
                Bayerischer Schulbuch-Verlag, München 1996
Seite 82:   Text: Deutsche Presse-Agentur, Hamburg 1997
Seite 86-88:   Text aus: Informationsblätter des Deutschen Tierschutzbundes 1997
Seite 90/91:   Text von Rudolf Huber aus: AZ vom 17.07.97, Verlag Die Abendzeitung,
                München; Foto: Bildarchiv Angermayer, Holzkirchen
Seite 92:   Globus-Kartendienst, Hamburg

Wir haben uns bemüht, alle Inhaber von Bild- und Textrechten ausfindig zu machen.
Sollten Rechteinhaber hier nicht aufgeführt sein, so wäre der Verlag für entsprechende Hinweise dankbar.